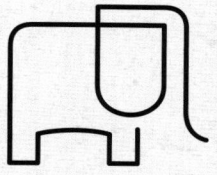

GESUND EINFACH KOCHEN

DIE SCHNELLE FITNESSKÜCHE FÜR DEN AKTIVEN ALLTAG

50+ POWER-REZEPTE FÜR EINE
BEWUSSTE ERNÄHRUNG

INHALTSVERZEICHNIS

EIN NEUES KAPITEL

Genau wie du schlagen auch wir gerade ein neues Kapitel auf. Diese Body Kitchen Publikation ist unser erstes Kochbuch, in das wir ausschließlich unsere eigenen Rezept-Kreationen aufgenommen und uns auch in der Inhaltsstruktur auf die bestmögliche Darbietung unserer eigenen Inhalte fokussiert haben.

Natürlich bekommst du auch in diesem Buch neben den Body Kitchen Power-Rezepten wieder die bekannten Details und Liebhabereien, die du aus unseren bisherigen Kochbüchern gewohnt bist: Individuelle Variationen zu Rezepten, Koch- und Küchentricks für fortgeschrittene Köchinnen und Köche, wichtige Einblicke in die Ernährungswissenschaften und unsere Ernährungsphilosophie und natürlich wunderbare Food-Bilder.

Das neue Body Kitchen Kochbuch *Gesund einfach kochen: Die schnelle Fitnessküche für den aktiven Alltag* hat aber noch eine offensichtliche Neuheit parat, in die wir uns direkt während der Konzeption des Buches verliebt haben: Die Zutatenliste und Zubereitungsschritte zu den Rezepten sind bebildert. Das bedeutet, es gibt noch mehr schöne Food-Fotos und noch viel besser: einzelne Kochschritte sind nun noch einfacher verständlich. Fragen wie: „Wie schneide ich denn einen Butternusskürbis?", „Wie fein muss ich die Kräuter hacken?", „Wie sieht das aus, wenn ich Sellerie paniere?" oder „Kommt das wirklich alles in eine Pfanne?", gehören damit der Vergangenheit an.

Von unserer Online-Community haben wir nämlich erfahren, dass sie unsere „Body Kitchen Lunch"-Beiträge ganz besonders gerne anschauen, da wir dort neben dem Foto vom angerichteten Gericht auch die Zubereitungsschritte als Galerie zeigen.

So lernt man nicht nur ein neues Gericht kennen, sondern bekommt auch nochmal anschaulich vor Augen geführt, wie die Kochschritte aussehen. Falls du uns bereits auf unseren Social Media Kanälen folgst, werden dir auch einige Bilder bekannt vorkommen. Wir haben nämlich die besten und schönsten „Body Kitchen Lunch"-Rezeptideen in diesem Buch für dich zu Ende entwickelt. Außerdem findest du in diesem Kochbuch natürlich auch noch einige exklusive Rezepte und Fotos, die es nirgendwo anders gibt.

Die Idee, die sich durch alle Rezepte in diesem Buch zieht, folgt der Body Kitchen Grundidee: gesund, einfach, lecker muss es sein und auch noch gut aussehen – denn schön angerichtetes Essen schmeckt nicht nur besser, es ist auch gesünder.

Wirklich!

Ausgehend von der Grundidee zeichnet die Rezepte aus, dass du und alle anderen Nutzer viele der verwendeten Zutaten mit hoher Wahrscheinlichkeit vorrätig zu Hause haben. Das macht das Kochen nicht nur angenehmer für den Geldbeutel, sondern hilft dabei, gesundes Kochen zum Alltag zu machen.

Aber nicht nur inhaltlich ist dieses Kochbuch eine Neuheit, auch das Format an sich; Softcover, neue Maße, günstiger Preis und – treuen Body Kitchen Lesern wird es bereits aufgefallen sein – das Cover an sich sind neu. Wir haben uns nicht an unserem Dschinni – dem Body Kitchen Geist, der aus deinen Kochkünsten aufsteigt – sattgesehen, sondern wollten einfach mal etwas Neues ausprobieren. Neuer Inhalt, neues Format, neues Cover.

Der Body Kitchen Geist steckt in diesem Buch wie in allen unseren Publikationen, egal ob online oder offline. Wir wollen, dass du dich gesund, einfach und lecker ernähren kannst und dein Ernährungsbewusstsein schärfen. Mehr über unsere Philosophie erfährst du auf den nächsten Seiten, aber stürze dich möglichst bald auf unsere Rezepte und in deine Küche – du wirst es nicht bereuen.

Leg los und hab Spaß!

ERNÄHRUNGS-PHILOSOPHIE

Auch wenn es in diesem Buch um die einfachsten Body Kitchen Rezepte geht, dreht sich doch alles um eine gesunde Ernährung. Ein guter Zeitpunkt, dass wir an dieser Stelle kurz und bündig unsere Ernährungsphilosophie zusammenfassen.

Wir haben den Anspruch, dass die Body Kitchen Ernährungsweise jedem hilft, gesünder und leistungsfähiger zu sein. Wir glauben an die vitalisierende, heilende und soziale Kraft von Ernährung und Kochen. Unsere Rezepte sind einfach zuzubereiten, gesund und lecker, sehen gut aus und das Beste: Alle Zutaten bekommst du im nächsten Supermarkt – falls du sie nicht ohnehin zu Hause hast. Es kostet gar nicht viel, sich gut zu ernähren.

Body Kitchen zeichnet sich durch seine Alltagsnähe aus, weil es uns wichtig ist, dass sich jeder, egal wie stressig sein Alltag ist, nach der Body Kitchen Ernährungsweise ernähren kann. Egal ob er oder sie sich sehr viel oder sehr wenig Zeit zum Kochen und Essen nimmt.

DEIN BEGLEITER

Ein weiterer wichtiger Bestandteil der Body Kitchen Ernährungsweise ist sein Pragmatismus. Wir müssen dir nicht großartig erklären, was du essen sollst und was nicht, du weißt eigentlich instinktiv, was gesund ist und was nicht. Wir sehen uns als dein Begleiter. Wir zeigen dir mit unseren Rezepten, welch leckere Gerichte sich ernährungsbewusst und einfach kochen lassen und wollen dich inspirieren, neue Regale in deinem Supermarkt zu entdecken, neue Geschmäcker zu finden und den natürlichen Umgang mit frischen und unverarbeiteten Lebensmitteln zu vertiefen.

Wer sich ein Ernährungsbewusstsein neu antrainiert oder wiederentdeckt und dann auch noch regelmäßig Body Kitchen Gerichte kocht, merkt sehr schnell die Effekte, die eine gesunde Ernährung mit sich bringen. Du wirst zufriedener, entspannter, stärker. Du kannst deinen Alltag mit mehr Energie bestreiten und siehst besser aus.

DIE BODY KITCHEN FORMEL

Unsere Rezepte sind einfach, lecker und schön anzusehen. Damit sie sich gesund nennen können und unseren Ansprüchen genügen, müssen sie sich aber auch an harten Fakten messen lassen. Dazu haben wir die Body Kitchen Formel entworfen. Die Body Kitchen Formel ist unsere Empfehlung für eine optimierte Nährstoffzufuhr für alle Menschen, die einen aktiven Lifestyle haben. Gemeinsam mit erfahrenen Ernährungswissenschaftlern sind wir zu dem Ergebnis gekommen, dass der erhöhte Energiebedarf, der sich aus einem aktiven Leben ergibt, durch mehr Kohlenhydrate und Proteine und ein bisschen weniger, dafür aber gesunde Fette besser decken lässt. Wir haben uns bei der Entwicklung der Body Kitchen Formel an den Empfehlungen der Deutschen Gesellschaft für Ernährung (DGE) orientiert.

Aber das ist die Theorie. Wenn du dir unsere Rezepte anschaust, dann siehst du schnell, dass nicht alle Rezepte genau diese Nährstoffverteilung besitzen. Und wir wollen dir auch nicht vorschreiben was du essen sollst und was nicht. Dazu ist die richtige Ernährung viel zu individuell. Wir wollen erreichen, dass du dich aktiv mit deiner Ernährung auseinandersetzt und anfängst zu kochen. Und damit dir unsere Rezepte weiterhin so gut schmecken, du satt wirst und einen ordentlichen Energieschub bekommst, haben wir so unsere Vorgehensweisen entwickelt.

DIE BODY-KITCHEN-FORMEL EMPFIEHLT DIE AUFNAHME DES TAGESBEDARFS AN KALORIEN ÜBER DIESE NÄHRWERTAUFTEILUNG:

55% KOHLENHYDRATE
20% FETTE
25% PROTEINE

Mehr Kohlenhydrate sorgen für kurzfristig mehr Energie und ein längeres Sättigungsgefühl. Mehr Proteine helfen dir dabei, deine dauerhaft gestressten Zellen zu regenerieren und ein gedrosselter Fettkonsum entlastet deinen Magen.

5 BODY KITCHEN
STATEMENTS

Diese Body Kitchen Statements sind ein weiterer Baustein in unserer Ernährungsphilosophie. Die Statements kannst du dir immer wieder anschauen, falls du sie vergisst – oder eine Portion Motivation brauchst. Sie sind aber ehrlich gesagt ganz natürlich und deswegen wirst du sie dir wahrscheinlich sowieso direkt merken können.

ENTSCHEIDE FÜR DICH

Viele Dinge machen wir so, wie wir sie schon von klein auf kennen. Daraus können Gewohnheiten entstehen, die wir als gegeben annehmen, ohne sie zu hinterfragen – zum Beispiel in unserem Umgang miteinander oder unserer Ernährung. So kann es schnell passieren, dass du verlernst, auf dich selbst zu hören und beispielsweise immer artig Fleisch und Fisch isst, obwohl du dir noch nie Gedanken darüber gemacht hast, ob du das überhaupt möchtest. Das ist ungesund. Frag dich doch mal, ob es einen Grund dafür gibt, dass du dir bislang diese Frage noch nicht gestellt hast. Und dann entscheide für dich, was du essen möchtest.

DU WEISST, WAS DU BRAUCHST

Der einfachste Weg in ein unglückliches Leben sind Zwänge. Den meisten Zwängen erliegst du aber ganz unbewusst. Zum Beispiel wirst du auf Social Media ständig mit verzerrten Realitäten konfrontiert. Egal ob es sich um mühelos inszenierte und perfekte Körper, Beziehungen oder Karrieren handelt. Das hat einen Effekt auf dich und beeinflusst dein Handeln.

Plötzlich musst du Trend-Diäten machen, bestimmte Lebensmittel essen oder Produkte besitzen, die du nicht brauchst. Wir vergessen oft, was hinter den Videos und Bildern aus einer anderen Welt passiert. Im Innern weißt du es aber besser. Sei glücklich in deiner Welt und fang an auf dich zu hören. Du weißt, was du brauchst.

LERNE LECKER

Dein Körper ist ein äußerst komplexer Organismus von dem du viel lernen kannst. Beispielsweise, dass du zu außerordentlichen Taten in der Lage bist, wenn du die Signale deines Körpers zu deuten lernst. Warte doch einfach mal, bis du das nächste Mal Hunger hast und iss davor keinen Snack. Und dann iss nur genau so viel, bis du dich gerade satt fühlst. Du wirst besser essen, weil du deinen Hunger besser einordnen kannst und es dauert nicht lange und du ernährst dich anders.

BLEIB DRAN

Aller Anfang ist schwer und das bringt uns direkt zum nächsten Rausschmeißer: am wichtigsten ist nicht das Ergebnis, sondern der Weg. Es kommt nicht darauf an, wie du aussiehst, sondern wie du dich fühlst. Aber wenn du jetzt denkst, es ist einfacher, sich zehn Jahre gesund zu ernähren als zehn Jahre regelmäßig zu trainieren, dann liegst du falsch. Du gehst ein paar Mal in der Woche zum Training, gesund ernähren musst du dich jeden Tag. Gesund zu essen macht aber mindestens genauso viel Spaß wie ein gutes Training. Falls du daran zweifelst, fang mal an, in diesem Buch zu blättern.

HAB SPASS

Du wirst dich nur dann langfristig gesund ernähren, wenn du Spaß daran hast. Spaß am gesunden Essen bekommst du beim Kochen. Wenn du dir die Zutaten aussuchst, sie wäscht und schneidest. Dein Tempo beim Zubereiten wählst, die eine oder andere Geheimzutat ins Essen gibst und es danach hübsch anrichtest. Deine Liebsten, Freunde, dein Fußballteam oder die Tanzgruppe, deine Kollegen oder dein Tinder-Date zu bekochen wird dir Spaß machen und Herzen öffnen, versprochen.

Waren das die Ratschläge, die du erwartet hast? Wahrscheinlich nicht. Uns war es an dieser Stelle wichtig, dir schwarz auf weiß zu zeigen, worum es bei deiner Ernährung wirklich geht. Und zwar um dich. Deine Ernährung ist so individuell, es gibt keine Diät, die langfristig zu dir passt. Aber es ist so einfach, sich für immer gesund zu ernähren. Ändere deine Ernährungsweise.

Und für alle, die an dieser Stelle allerhand Wissenswertes und viele verschiedene Tipps und Tricks rund um Lebensmittel, Nährwerte, Kochvorgänge, Essenspläne oder Rezeptentwicklung vermissen: Lest und vor allem kocht unsere Rezepte. Wir haben alle wichtigen Informationen zu Inhaltsstoffen sowie Zubereitungskniffe direkt dort hingeschrieben, wo ihr sie braucht. Am Rezept.

DIE BODY KITCHEN
FOOD PYRAMIDE

UNSERE VERZEHREMPFEHLUNGEN

Eine Ernährungspyramide hast du bestimmt schon mal einmal gesehen. Wir haben uns gedacht, mit inzwischen über 400 veröffentlichten Rezepten, die alle nach den Body Kitchen Grundsätzen entwickelt wurden, sollten wir doch auch in der Lage sein, eine Ernährungspyramide zu bauen – für dich und alle die sich nach der Body Kitchen Ernährungsphilosophie ernähren wollen. Das heißt, in unserer Fitness-Food-Pyramide findest du alle Lebensmittel für eine Ernährung, die dich leistungsfähiger, gesünder und natürlich satt macht.

In der vereinfachten Version in dieser Abbildung siehst du schon einige wichtige Lebensmittel, die in keiner Küche fehlen sollten. Ein großer Unterschied zur gewohnten Ernährungspyramide ist beispielsweise die Bewertung von Hülsenfrüchten. Wir nehmen Hülsenfrüchte wie Kichererbsen, Grüne Bohnen, Linsen und Kidneybohnen sehr ernst. Und das hat einen einfachen Grund. Hülsenfrüchte sind nicht nur wie viele Getreidesorten ein klasse Lieferant von Kohlenhydraten, sie beinhalten darüber hinaus ordentlich Protein.

Schau dir z.B. mal die vierte Ebene an. Hier stehen die Fette und Öle. Bei uns gibt es hauptsächlich pflanzliche Fette und Öle, also ungesättigte Fettsäuren. Während woanders das Steak mit einer ordentlichen Portion Butter angebraten wird, machen wir das mit Rapsöl, das sogar mehrfach ungesättigte Fettsäuren enthält.

Wenn du noch mehr über die Body Kitchen Lebensmittel und ihre Verwendung sowie ihren Platz in der Fitness-Food-Pyramide erfahren möchtest, kannst du dir die Pyramide als PDF mit einem kleinen Nutzungshandbuch hier runterladen: **www.body.kitchen/downloads**

Zum Herunterladen auf www.body.kitchen/downloads

Abschließend wollen wir dir unsere Verzehrempfehlungen nicht vorenthalten.

Aus der Kategorie Gemüse solltest du täglich drei Portionen zu dir nehmen.

Aus der Kategorie Obst brauchst du zwei Portionen.

Aus der Kategorie Getreideprodukte und Hülsenfrüchte brauchst du insgesamt am Tag bis zu fünf Portionen.

Fleisch und Fisch reichen ein bis zwei Mal pro Woche.

Von tierischen Proteinen und Fetten und deren vegetarischen und veganen.

Ersatzprodukten empfehlen wir drei bis vier Portionen pro Tag.

DAS STECKT HINTER DEN REZEPTEN UND DEN REZEPTKATEGORIEN

Wenn du schon einen Blick in die Rezepte gewagt hast, dann werden dir die kleinen Symbole oben links aufgefallen sein. Gemeinsam mit der Bezeichnung kennzeichnen sie unsere Rezeptkategorien: Hauptgerichte und Zwischenmahlzeiten. Ganz simpel. Unsere Gerichte kannst du morgens, mittags und abends essen. Der Trick ist nur, dass Namensgebung und Kategorisierung es dir leichter machen, die Gerichte in deinen Tagesablauf integrieren zu können, weil du je nach Hunger, Tageszeit, Küche und Kochlust selbst entscheiden kannst, wann du was essen möchtest. Wichtig ist nur, dass das Gericht in deinen Tagesplan passt. Wir wollen dir also eine praktische und lebensnahe Möglichkeit der Ernährungsplanung schaffen, ohne großes Konzept, aber mit einer Idee dahinter.

Was wir mit Tagesplan meinen, ist die Verbindung deines Alltags mit deinem Bedarf an Nahrung. Das klingt jetzt etwas technisch, aber schließlich hat Essen ja auch eine funktionelle Aufgabe. Es geht weniger um eine theoretische, als vielmehr um eine bewusste und gesunde Ernährungsweise, die sich an den Bedürfnissen deines Körpers orientiert und dir nichts vorschreibt. Eine Ernährung, die ein paar Rahmenbedingungen berücksichtigt, ist dadurch aber nicht technisch, sondern intelligent. Wir wollen dich mit unseren Rezepten, Rezeptkategorien und den neuen Badges dabei unterstützen, dich gesund, lecker und vor allem passend zu deinem Alltag zu ernähren.

Bevor es losgeht, möchten wir aber noch ein paar Worte zu den Rezepten selbst verlieren. Jedes Rezept in jeder Kategorie muss mehreren Kriterien genügen. So sollte bei allen Rezepten in den meisten Fällen die Zubereitungszeit spätestens nach dem dritten Mal kochen nicht länger als 30 Minuten dauern – bei Rezepten mit unserem neuen Badge „super schnell" sogar nur 20 Minuten. Die Zutatenliste besteht aus Lebensmitteln, die es in jedem Supermarkt zu kaufen gibt. Aber am wichtigsten: Jedes Rezept ist lecker und gesund. Und weil dies auch ein Kochbuch ist, das sich an aktive Alltags- und Hobbyköche wendet, kannst du davon ausgehen, dass du als sportlicher und aktiver Leser immer ein Rezept findest, auf das du Lust hast und das zu deiner Ernährung passt. Und sollte es mal nicht passen, schau mal in die Beschreibungstexte oder Infoboxen, dort haben wir zu den meisten Gerichten Variationsvorschläge und Zubereitungstipps für dich.

Ja, Ausprobieren und Variieren ist bei uns ausdrücklich erwünscht. Versuch auch mal, selbst mit den Zutaten zu spielen, dir wird schon was Leckeres einfallen. Und jetzt schauen wir uns die Rezeptkategorien an.

HAUPTGERICHTE

Rezepte in dieser Kategorie besitzen eine breite Palette an Makro- und Mikro-Nährstoffen und eine Menge Energie. Die Rezepte in dieser Kategorie haben zwei Ziele: deinen Körper nachhaltig mit Energie versorgen und – ganz klar – richtig lecker sein. Bei der Auswahl der Rezepte schauen wir gerne weit über den Tellerrand hinaus. Es gibt asiatische, mediterrane oder südosteuropäische Gerichte und Klassiker aus Süd- und Nordamerika. Alles perfekt angepasst für die Fitnessküche. Aber egal, aus welcher Landesküche oder welchem Kopf das Gericht stammt, es ist in jedem Fall einfach zu kochen und der Küchenerfolg lässt sich aus der Erinnerung auch ohne Rezeptbuch wiederholen.

ZWISCHENMAHLZEITEN

Die Zwischenmahlzeiten sind meist super schnell zu kochen und bringen dich durch kleine Hungerstrecken an langen Tagen. Zwischenmahlzeiten bewegen sich zwischen kleinen Kohlenhydratbomben, Low-Carb-Wundern und Proteinboostern. Auch sie zeichnen sich durch ihre einfache Zubereitungsweise mit nur einer Handvoll Zutaten aus – und unter uns: Viele von ihnen eignen sich zwei Stunden vor dem Training oder zwischen Training und großer Mahlzeit, um den Heißhunger auf gesunde Weise zu stillen.

DIE BADGES

Die Kategorien geben dir also schon mal eine erste Idee über den Zubereitungsaufwand und die Portions- und Kaloriengrößen der Rezepte. Aber du kannst auf den ersten Blick noch viel mehr über ein Gericht erfahren. Kommen wir jetzt zu unseren neuen Badges.

SUPER GESUND

Die volle Ladung Vitamine liefern dir unsere „super gesunden" Rezepte. Mindestens 250 Gramm Gemüse stecken hier in einer Portion. Natürlich kannst du in den anderen Rezepten auch mehr frisches Gemüse benutzen und dir das „super gesund" Badge dann einfach noch dazudenken.

SUPER EINFACH

Die Kochanfänger-freundlichsten Gerichte haben wir mit dem Badge „super einfach" gekennzeichnet. In maximal 5 Zubereitungsschritten hast du dir hier eine leckere Mahlzeit gezaubert. Richtig schwierig oder kompliziert sind unsere Rezepte aber alle nicht, also trau dich ruhig auch an die anderen Gerichte ran!

SUPER SCHNELL

Völlig ausgehungert, auf dem Sprung, unangekündigter Besuch steht vor der Tür? Du brauchst auf jeden Fall ein „super schnelles" Rezept! In maximal 20 Minuten lassen sich unsere Gerichte mit diesem Badge zubereiten.

POWER REZEPT

Hier freuen sich deine Muskeln besonders: Die „Power Rezepte" versorgen dich mit mindestens 30 Gramm Protein pro Portion! Dafür sorgen tierische Eiweißquellen wie Fleisch oder Eier oder pflanzliche Proteinwunder wie z.B. Hülsenfrüchte.

VEGAN LOGO

Das Vegan Logo zeigt dir, welche Rezepte ganz ohne tierische Zutaten wie Fleisch, Fisch, Milchprodukte oder Eier auskommen. Stattdessen greifen wir zu pflanzlichen Alternativen und viel Obst, Gemüse und Hülsenfrüchten.

REZEPTAUFBAU

KATEGORIE
Hier siehst du, in welche Kategorie das Rezept fällt. In diesem Buch findest du Hauptgerichte und Zwischenmahlzeiten. Worin sie sich unterscheiden, erfährst du auf Seite 15. Eine Auflistung aller Rezepte nach Kategorie findest du im Rezeptindex am Ende des Buches.

BADGE
Anhand der Badges erkennst du auf den ersten Blick, ob ein Rezept super einfach, super schnell, super gesund, vegan oder ein Power-Rezept ist. Welche Faktoren für die Badges ausschlaggebend sind, erklären wir dir auf Seite 15.

ZUTATENLISTE UND -BILD
Alle Zutaten aus den Rezepten solltest du im Supermarkt bekommen. Du wirst bei unseren Gerichten keine ewig langen Einkaufszettel schreiben müssen, darauf haben wir besonders geachtet. Und solltest du eine Zutat nicht kennen – kein Problem! Ganz neu in diesem Buch, ein Bild aller Zutaten unter der Zutatenliste. Zutaten die optional hinzugefügt werden können, wurden in den angegebenen Nährwerten nicht berücksichtigt.

HAUPTGERICHT

01

TOMATEN-TARTE

An einem lauen Sommerabend mit Freunden im Garten oder auf dem Balkon sitzen, die letzten Sonnenstrahlen genießen und dabei ein Stück dieser leichten Tomaten-Tarte verputzen – das ist Dolce Vita. Zwar kann man Tomaten das ganze Jahr über kaufen, aber am aromatischsten sind sie im Sommer, nachdem sie mit viel Sonne heranreifen konnten. Die Kombination aus süßlich-scharfem Honigsenf und frischen Kräutern rundet die sommerliche Tarte perfekt ab.

ZUTATEN

FÜR 2 PORTIONEN   **SUPER EINFACH**

1 Fertig-Blätterteig
2 EL Honigsenf
200 g bunte Tomaten
3 mittelgroße Strauchtomaten und 10 – 12 Cherrytomaten
1 Zehe Knoblauch
2 Zweige frischer Thymian
2 Zweige frischer Rosmarin
Salz, Pfeffer

1 Ofen auf 180 °C Ober-/Unterhitze vorheizen.

2 Blätterteig ausrollen und in ca. einem Zentimeter Abstand zum Rand mit einem Messer einschneiden (etwa 2mm tief, nicht durchschneiden).

3 Die innere Fläche mit Honigsenf bestreichen.

4 Tomaten und Knoblauch in Scheiben schneiden und auf dem Blätterteig verteilen. Anschließend Zweige vom frischen Thymian und Rosmarin auf die Tarte legen und etwas salzen und pfeffern.

5 Auf einem Backblech im vorgeheizten Backofen auf unterster Schiene ca. 30 Minuten backen.

TIPP
Es gibt zahlreiche Sorten Tomaten. Viele davon kannst du im Frühling sogar selbst auf dem Balkon oder im Garten heranzüchten. Das macht nicht nur Spaß, sondern klappt auch ohne Pestizide und Co. wunderbar!

NÄHRWERTE PRO PORTION	KCAL	602	FETT	34 g	KH	63 g		14 g	PROT	11 g	BS	6 g

STEP-BY-STEP-BILDER
Damit dir das Nachkochen noch leichter fällt, zeigen wir dir hier Zubereitungsschritte des Rezepts.

TOMATEN-TARTE

BESCHREIBUNGSTEXT

Hier werden besondere Aspekte des jeweiligen Gerichts oder der verwendeten Lebensmittel hervorgehoben. Die Texte sind immer für eine Überraschung gut, also schau sie dir genau an.

ZUBEREITUNG

Der wichtigste Teil, denn hier zeigen wir dir, wie du unsere Gerichte kochst. Wir haben uns Mühe gegeben, alle Zubereitungsschritte so einfach wie möglich zu halten.

VARIANTE-, FAKT- UND TIPP-BOX

In den Variante-, Fakt- und Tipp-Boxen zeigen wir dir, wie du mit wenigen Handgriffen aus dem Basisrezept weitere Gerichte zaubern kannst und was es Wissenswertes über einzelne Zutaten zu erzählen gibt.

NÄHRWERTANGABEN

In dieser Zeile sind die Nährwertangaben zum Basisrezept vermerkt.

REZEPTE

TOMATEN-TARTE

An einem lauen Sommerabend mit Freunden im Garten oder auf dem Balkon sitzen, die letzten Sonnenstrahlen genießen und dabei ein Stück dieser leichten Tomaten-Tarte verputzen – das ist Dolce Vita! Zwar kann man Tomaten das ganze Jahr über kaufen, aber am aromatischsten sind sie im Sommer, nachdem sie mit viel Sonne heranreifen konnten. Die Kombination aus süßlich-scharfem Honigsenf und frischen Kräutern rundet die sommerliche Tarte perfekt ab.

ZUTATEN

FÜR 2 PORTIONEN **SUPER EINFACH**

1 Fertig-Blätterteig
2 EL Honigsenf
200 g bunte Tomaten
3 mittelgroße Strauchtomaten und 10 – 12 Cherrytomaten
1 Zehe Knoblauch
2 Zweige frischer Thymian
2 Zweige frischer Rosmarin
Salz, Pfeffer

1 Ofen auf 180 °C Ober-/Unterhitze vorheizen.

2 Blätterteig ausrollen und in ca. einem Zentimeter Abstand zum Rand mit einem Messer einschneiden (etwa 2mm tief, nicht durchschneiden).

3 Die innere Fläche mit Honigsenf bestreichen.

4 Tomaten und Knoblauch in Scheiben schneiden und auf dem Blätterteig verteilen. Anschließend Zweige vom frischen Thymian und Rosmarin auf die Tarte legen und etwas salzen und pfeffern.

5 Auf einem Backblech im vorgeheizten Backofen auf unterster Schiene ca. 30 Minuten backen.

TIPP

Es gibt zahlreiche Sorten Tomaten. Viele davon kannst du im Frühling sogar selbst auf dem Balkon oder im Garten heranzüchten. Das macht nicht nur Spaß, sondern klappt auch ohne Pestizide und Co. wunderbar!

NÄHRWERTE PRO PORTION	KCAL	602	FETT	34 g	KH	63 g	Z	14 g	PROT	11 g	BS	6 g

02

BEEF-STIR-FRY MIT GEMÜSE

Unser feuriges Beef-Stir-Fry mit Rinderhack und knackigem Gemüse wurde von der thailändischen Küche inspiriert. Auf Deutsch bedeutet „Stir-Fry" in etwa „pfannenrühren" oder „kurz anbraten". Und viel mehr ist bei diesen schnellen Gerichten auch nicht zu tun, denn alle Zutaten werden nach und nach im Wok oder der Pfanne angebraten und zack, sind sie fertig!

ZUTATEN

FÜR 2 PORTIONEN **SUPER GESUND** **POWER REZEPT**

100 g Basmatireis
250 g Bio-Rinderhack
1 EL Sesamöl
1 Knoblauchzehe
1 rote Zwiebel
1 daumengroßes Stück Ingwer
1 Stange Zitronengras
3 Limettenblätter
400 g grüne Bohnen
1 rote Paprika
1 rote Chili
3 EL Sojasauce
1 TL Ahornsirup
Saft von 2 Limetten
1/2 Bund frischer Koriander
Optional: Etwas Thai-Basilikum

1 Basmatireis nach Packungsanweisung zubereiten.

2 Das Rinderhack in einer Pfanne oder dem Wok im Sesamöl scharf anbraten.

3 Knoblauch, Zwiebeln und Ingwer fein hacken und mit dem Zitronengras und den Limettenblättern zum Hackfleisch geben und kurz anschwitzen lassen.

4 Grüne Bohnen, Paprika und Chili klein schneiden und ebenfalls zum Hackfleisch geben. 5 Minuten braten.

5 Die Mischung mit etwas Wasser und Sojasauce ablöschen. Anschließend mit Ahornsirup und Limettensaft abschmecken. Nach Bedarf noch Salz hinzufügen. Mit frischen Kräutern wie Koriander und Thai-Basilikum verfeinern.

6 Das Stir-Fry mit Basmatireis servieren.

| **NÄHRWERTE PRO PORTION** | KCAL | 652 | FETT | 28 g | KH | 65 g | Z | 12 g | PROT | 35 g | BS | 10 g |

OFENKARTOFFELN MIT QUARK

03

Kartoffeln und Quark sind nicht nur geschmacklich eine unschlagbare Kombi, sondern ergänzen sich in ihrer Eiweißzusammensetzung ebenfalls ideal. So wird der Körper mit hochwertigen Proteinen versorgt. Während die Kartoffeln im Ofen vor sich hin garen, ist der Kräuterquark im Handumdrehen zusammengerührt. Einfach lecker!

ZUTATEN

FÜR 2 PORTIONEN   **SUPER EINFACH**   **POWER REZEPT**

500 g kleine Kartoffeln, festkochend

2 EL Olivenöl

1 TL grobes Meersalz

4 – 5 Zweige Rosmarin

5 Knoblauchzehen

400 g Magerquark

1 EL Leinöl

1/2 Bund Schnittlauch

200 g bunte Paprika (z.B. rot, gelb, orange)

Salz, Pfeffer

1 Ofen auf 200 °C Ober-/Unterhitze vorheizen.

2 Kartoffeln waschen und auf einem Backblech mit Olivenöl, Meersalz, Rosmarin und Knoblauch würzen. Im vorgeheizten Ofen ca. 30 Minuten goldbraun backen.

3 In der Zwischenzeit den Quark mit dem Leinöl verrühren.

4 Schnittlauch hacken, Paprika fein würfeln und beides unter den Quark heben. Mit Salz und Pfeffer abschmecken.

5 Kartoffeln mit Quark servieren.

FAKT

Das Leinöl enthält unter den Pflanzenölen den höchsten Anteil an Alpha-Linolensäure. Diese Omega-3-Fettsäure trägt dazu bei, die Blutfettwerte auf einem günstigen Niveau zu halten.

NÄHRWERTE PRO PORTION	KCAL	551	FETT	23 g	KH	55 g	Z	18 g	PROT	31 g	BS	7 g

KÄSE-SCHINKEN-AUFLAUF

04

Fühlst du dich auch in deine Kindheit zurückversetzt, wenn du diese leckeren Schinken-Käse-Nudeln siehst? Ab und zu gönnen wir uns das leckere Gericht auch heute noch. Zum Glück ist es fitnessgerechter, als es aussieht. Eier und Milch beinhalten viele Proteine, der magere Schinken ist fettarm und gibt dem Gericht ein leckeres rauchiges Aroma und die Nudeln liefern dir genügend Kohlenhydrate, um deine Energiereserven nach dem Training wieder aufzutanken.

ZUTATEN

500 g Nudeln (Makkaroni)
6 Eier
300 ml Milch
Salz, Pfeffer
3 TL Cayennepfeffer
100 g Mozzarella
125 g Emmentaler
150 g Schinken
(mager, gewürfelt)

FÜR 6 PORTIONEN   POWER REZEPT

1 Nudeln nach Packungsanweisung zubereiten und den Backofen auf 180 °C Umluft vorheizen.

2 Eier und Milch in einer Schüssel verquirlen und mit Salz und Cayennepfeffer würzen.

3 Mozzarella und Emmentaler vermischen.

4 Die Schinkenwürfel mit der Hälfte der Käsemischung in die Schüssel geben und alles verrühren.

5 Anschließend die vorgekochten Nudeln untermengen, alles in eine Auflaufform geben und mit dem restlichen Käse bestreuen.

6 Das Ganze ca. 30 – 40 Minuten im Ofen backen und heiß servieren. Dazu passt ein frischer Blattsalat (z.B. aus Feldsalat).

TIPP

Für die letzten 10 Minuten den Ofen auf Ober-/Unterhitze einstellen, damit der Auflauf eine knusprige Kruste bekommt.

NÄHRWERTE PRO PORTION	KCAL	571	FETT	19 g	KH	65 g	Z	7 g	PROT	35 g	BS	4 g

05

TOM KHA GAI

Hühnersuppe mal anders: In Thailand wird die „Tom Kha Gai" traditionell aus cremiger Kokosmilch, scharfen Gewürzen wie Chili und Galgant (ähnlich unserem Ingwer), Limetten und frischem Zitronengras zubereitet. Nach thailändischem Vorbild haben wir das Rezept für die leckere Suppe vereinfacht, ohne den Geschmack zu schmälern. Guten Appetit – oder wie man auf thailändisch sagen würde: Khő hai dja!

ZUTATEN

FÜR 4 PORTIONEN   **SUPER GESUND**   **POWER REZEPT**

1 Liter Bio-Gemüsebrühe
1 Dose Kokosmilch (400 ml)
1 EL rote Currypaste
1 Stange Zitronengras
3 Limettenblätter
1 daumengroßes Stück Ingwer
2 Knoblauchzehen
1 rote Chili
1 rote Zwiebel
2 Bio-Hühnerbrustfilets
3 – 4 kleine Möhren (200 g)
1 bunte Zucchini (250 g)
200 g Zuckerschoten
1 Aubergine (300 g)
200 g Champignons
100 g Mungobohnensprossen
4 Frühlingszwiebeln
Saft von 3 Limetten
2 EL Sojasauce
(mehr nach Geschmack)
1/2 Bund Koriander
etwas Thai Basilikum
200 g Mie Nudeln

1 Die Gemüsebrühe mit Kokosmilch aufkochen.

2 Rote Currypaste, Zitronengras, Limettenblätter, Ingwer, Knoblauch, rote Chili, die rote Zwiebel und die Hühnerbrust für 20 Minuten mitkochen.

3 Das Gemüse klein schneiden und für 3 – 4 Minuten in die Suppe geben.

4 Die Tom Kha Gai mit Limettensaft und Sojasoße abschmecken.

5 Zum Schluss Koriander und Thai Basilikum hinzugeben.

6 Die Mie Nudeln nach Packungsangaben zubereiten und mit der Tom Kha Gai servieren.

VARIANTE VEGAN
Die Vegetarier und Veganer unter euch können die Hühnerbrust einfach durch Tofu ersetzen.

NÄHRWERTE PRO PORTION	KCAL	572	FETT	24 g	KH	58 g	Z	14 g	PROT	31 g	BS	10 g

06

LOW CARB BLUMENKOHL-STEAKS

Besonders in der Low Carb Küche wird der kalorienarme Blumenkohl gerne verwendet und beispielsweise als Reisersatz oder Pizzaboden genutzt. Da er selbst nur ein dezentes Aroma hat, lässt sich der Kohl wunderbar in die unterschiedlichsten Rezepte und Geschmacksrichtungen integrieren. Besonders lecker schmeckt er zum Beispiel mariniert in einer Currysoße und im Ofen gebacken.

ZUTATEN

1 großer Blumenkohl (ca. 900 g)
2 EL Olivenöl
1 TL Currypulver
4 Knoblauchzehen
Salz, Pfeffer
Saft von einer Zitronensaft
1 Bund Petersilie
Optional: Frühlingszwiebeln

FÜR 2 PORTIONEN SUPER GESUND

1 Ofen auf 200 °C Ober-/Unterhitze vorheizen.

2 Blumenkohl in ca. einen Zentimeter dicke Scheiben schneiden und in eine Auflaufform legen.

3 Für die Marinade Olivenöl und Currypulver gut verrühren.

4 Die Blumenkohlscheiben von beiden Seiten mit der Marinade einpinseln und etwas salzen. Knoblauchzehen mit der flachen Seite eines Messers leicht andrücken und ebenfalls in die Auflaufform geben.

5 Im Ofen ca. 30 Minuten backen.

6 Anschließend mit Zitronensaft beträufeln und mit geschnittenen Frühlingszwiebeln und Petersilie dekorieren.

NÄHRWERTE PRO PORTION	KCAL	264	FETT	16 g	KH	17 g	Z	11 g	PROT	13 g	BS	15 g

07

SABZI

Sabzi oder Sabji ist ein indisches Gericht mit viel buntem Gemüse. Das wird in kleine Würfel geschnitten, mit Gewürzen angebraten und mit einem Joghurtdip serviert. Perfekt für den großen Hunger im Sommer. Sabzi liegt nicht schwer im Magen, hält aber dank der Ballaststoffe lange satt.

ZUTATEN

400 g Kartoffeln

250 g Paprika
(z.B rot und gelb)

1 Zwiebel

1 Knoblauchzehe

1/2 Bund Petersilie

1 EL Erdnussöl

1 TL Currypulver

1 TL Garam Masala

150 g griechischer Joghurt

Saft von 1 Zitrone

Salz, Pfeffer

30 g Erdnüsse

FÜR 2 PORTIONEN · SUPER GESUND

1 Kartoffeln und Paprika in kleine Würfel schneiden. Zwiebeln, Knoblauch und Koriander fein hacken.

2 Erdnussöl in einer Pfanne erhitzen und die Zwiebeln und den Knoblauch zusammen mit Currypulver und Garam Masala anschwitzen.

3 Die Kartoffeln dazugeben und ca. 10 Minuten knusprig anbraten. Dann die Paprikastücke ebenfalls dazugeben, mit Salz würzen und weitere 5 Minuten braten.

4 Für den Dip den griechischen Joghurt mit dem Koriander, etwas Zitronensaft, Salz und Pfeffer verrühren.

5 Das gebratene Gemüse auf einem Teller anrichten und Joghurtdip und einige Erdnüsse darüber verteilen.

VARIANTE
Für das Sabzi kannst du beispielsweise auch Blumenkohl, Möhren oder grüne Bohnen verwenden.

NÄHRWERTE PRO PORTION	KCAL	460	FETT	24 g	KH	47 g	Z	16 g	PROT	14 g	BS	11 g

GARNELEN-PASTA

08

Garnelen, Knoblauch und Pasta harmonieren so gut miteinander, dass wir für dieses Gericht kaum noch weitere Zutaten brauchen. Ein bisschen Zitronensaft hier, etwas frische Petersilie da und eine Portion Crunch durch angeröstetes Panko. Im Nu ist das sommerliche Pastarezept zubereitet und versetzt dich gedanklich in eine kleine Küstenstadt am Mittelmeer.

ZUTATEN

180 g TK-Garnelen
1 EL Olivenöl
50 g Panko
1 EL Butter
200 g Linguine
1 Knoblauchzehe
1/2 Bund Petersilie
Saft von 1 Zitrone
Salz, Pfeffer

FÜR 2 PORTIONEN · SUPER SCHNELL · POWER REZEPT

1 TK-Garnelen auf einem Küchentuch auslegen und auftauen lassen.

2 Währenddessen Butter in einer Pfanne erhitzen. Panko darin leicht anrösten, dann beiseite stellen.

3 Linguine nach Packungsanweisung zubereiten.

4 Knoblauch und Petersilie fein hacken.

5 Olivenöl in einer Pfanne erhitzen und die aufgetauten Garnelen darin scharf anbraten.

6 Den gehackten Knoblauch hinzufügen und kurz mitbraten. Ein paar Spritzer Zitronensaft über die Garnelen geben und alles mit Salz und Pfeffer würzen.

7 Die gekochten Linguine mit etwas Nudelwasser zu den Garnelen geben, Petersilie und den restlichen Zitronensaft hinzufügen und alles gut miteinander vermengen.

8 Geröstetes Panko über die Pasta streuen und servieren.

FAKT
Panko ist die asiatische Variante des Paniermehls und wird aus Weißbrot ohne Kruste hergestellt. Wer kein Panko findet, nimmt einfach Semmelbrösel.

NÄHRWERTE PRO PORTION	KCAL	650	FETT	18 g	KH	88 g	Z	5 g	PROT	34 g	BS	1 g

TOMATEN-HÄHNCHEN-KEULEN MIT SPINAT

Das Praktische an „One Pot" oder „One Pan" Gerichten ist, dass man alle Zutaten in demselben Topf oder derselben Pfanne zubereiten kann. Das geht schnell, macht wenig Geschirr schmutzig und bringt meistens richtige Schlemmergerichte mit aromatischen Soßen hervor. Die Tomaten-Hähnchenkeulen mit Spinat sind dafür ein Paradebeispiel. Guten Appetit!

ZUTATEN

450 g TK-Spinat
3 Hähnchenkeulen
1 EL Olivenöl zum Braten
3 kleine Zwiebeln
1 Knoblauchzehe
1 Dose passierte Tomaten
100 g Frischkäse
Salz, Pfeffer
20 g Sesam Samen

FÜR 3 PORTIONEN **POWER REZEPT**

1. TK-Spinat auftauen lassen und das Wasser ausdrücken.

2. Olivenöl in der Pfanne erhitzen und die Hähnchenkeulen darin von allen Seiten goldbraun anbraten. Aus der Pfanne nehmen und beiseite stellen.

3. Zwiebeln und Knoblauch schälen und fein hacken und in derselben Pfanne anschwitzen.

4. Mit Dosentomaten ablöschen, kurz aufkochen lassen und dann den Spinat und Frischkäse in die Soße rühren. Mit Salz und Pfeffer abschmecken.

5. Die Hähnchenkeulen zurück in die Soße legen und darin nochmal 10 – 15 Minuten fertig garen.

6. Zum Schluss das Ganze mit etwas Sesam bestreuen und servieren.

FAKT

Greif gerne mal zu Tiefkühl-Gemüse! Weil das schon kurz nach der Ernte schockgefrostet wird, bleiben die meisten Vitamine und Nährstoffe erhalten.

NÄHRWERTE PRO PORTION	KCAL	484	FETT	32 g	KH	15 g	Z	13 g	PROT	34 g	BS	2 g

HAUPTGERICHT

BACKFISCH SANDWICH

10

Dieses Sandwich ist nicht nur was für Küstenkinder und Leichtmatrosen! Für dieses Rezept greifen wir zu Backfisch aus dem Tiefkühlregal. Die sind mittlerweile zum Teil extra für die Zubereitung im Ofen gedacht, sodass man sich das Braten im Fett sparen kann. Alaska-Seelachsfilet, Scholle oder Forelle werden häufig als Backfische zubereitet. Gestärkt von dem maritimen Sandwich mit selbst gemachter Joghurt-Soße bietest du jeder noch so starken Brise die Stirn.

ZUTATEN

1 Baguette
2 Stücke TK-Backfisch
1 Kopf Romanasalat
1/2 Salatgurke
1 rote Zwiebel
5 – 6 Cornichons
200 g griechischer Joghurt
Salz, Pfeffer

FÜR 2 PORTIONEN   SUPER EINFACH

1 Ofen auf 220 °C Ober-/Unterhitze vorheizen und die unaufgetauten TK-Backfische ca. 25 Minuten knusprig backen. Nach ca. 15 Minuten das Baguette mit in den Ofen geben und darin leicht bräunen.

2 In der Zwischenzeit das Gemüse waschen und den Romanasalat in feine Streifen schneiden. Die Salatgurke vierteln, das Kerngehäuse entfernen und den Rest der Gurke würfeln. Die Cornichons und die rote Zwiebel ebenfalls würfeln.

3 Die Gurken-, Cornichons- und Zwiebelwürfel mit griechischem Joghurt vermengen und mit Salz und Pfeffer abschmecken. Wenn etwas Säure fehlt, einfach ein paar Spritzer vom Gurkenwasser der Cornichons zur Soße geben.

4 Das knusprige Baguette halbieren, der Länge nach aufschneiden und die beiden Unterseiten mit Salat und je einem Stück Backfisch belegen. Die Joghurtsoße darauf verteilen und mit den oberen Vierteln des Baguettes zuklappen.

FAKT

Wenn ihr beim Fischkauf auf nachhaltige Fischerei achten möchtet, könnt ihr euch an Gütesiegeln wie beispielsweise dem MSC-Siegel oder ASC-Siegel orientieren.

NÄHRWERTE PRO PORTION	KCAL	696	FETT	28 g	KH	85 g	Z	10 g	PROT	26 g	BS	5 g

ZUCCHINI-CARBONARA

11

Bei „Carbonara" denkt man oft an eine cremige, aber auch sehr kalorienhaltige Schinken-Sahne-Soße. Die ursprüngliche Variante aus Italien geht aber ganz anders. Knuspriger Speck und Eier bilden hier die Grundlage für die Soße, die auch ohne Sahne cremig wird. Und zum richtigen Low Carb Fitness-Gericht wird die Pasta, wenn man statt normaler Spaghetti Zucchini-Nudeln „Zoodles" benutzt.

ZUTATEN

100 g Bacon
1 Knoblauchzehe
600 g Zucchini
1 EL Olivenöl
4 Eier
Salz, Pfeffer
1/2 Bund Petersilie
50 g Parmesan, gerieben

FÜR 2 PORTIONEN · SUPER SCHNELL · POWER REZEPT

1 Den Bacon in feine Streifen schneiden. Knoblauch fein hacken.

2 Mit einem Spiralschneider die Zucchini zu „Zucchini-Nudeln" raspeln.

3 Olivenöl in einer Pfanne erhitzen und den Speck darin knusprig braten. Den Knoblauch hinzufügen und kurz mitbraten. Den Herd ausschalten und die Pfanne leicht abkühlen lassen.

4 Das Ei und die drei Eigelbe zusammen mit dem geriebenen Parmesan in einer Schüssel verquirlen. Die Zucchini-Nudeln in die Pfanne geben und die Ei-Mischung hinzufügen. Bei niedriger Hitze gut durchmischen bis die Sauce anzieht. Mit Salz und Pfeffer abschmecken.

5 Auf einem Teller anrichten und mit mehr Parmesan und frischer Petersilie toppen.

TIPP
Beim Einrühren der Eier in die Nudelmischung darf die Pfanne nicht mehr komplett heiß sein, da die Eier sonst zu stocken beginnen.

| NÄHRWERTE PRO PORTION | KCAL | 520 | FETT | 40 g | KH | 9 g | Z | 7 g | PROT | 31 g | BS | 4 g |

12

BUTTERNUSSKÜRBIS IM OFEN

Der kohlenhydratarme Butternusskürbis (auch als „Butternut" bekannt) mit seinem mild-nussigen Geschmack braucht für dieses Rezept nicht einmal geschält werden, sondern wird frisch aus dem Ofen einfach ausgelöffelt. Butternusskürbisse enthalten besonders viel Vitamin A. Das ist wichtig für die Sehkraft und lässt die Haut frisch und jung bleiben.

ZUTATEN

70 g Bulgur
200 g Cherrytomaten
1 Bund Minze
1 Butternusskürbis (ca. 1 kg)
50 g geschälte Haselnüsse
Salz, Pfeffer
100 g griechischer Joghurt
Optional: Saft von 1 Zitrone

FÜR 2 PORTIONEN SUPER GESUND

1 Bulgur nach Packungsanweisung zubereiten.

2 Ofen auf 180 °C Ober-/Unterhitze vorheizen.

3 Den Butternusskürbis der Länge nach halbieren und vom Kerngehäuse befreien. Das Fruchtfleisch mehrmals rautenförmig einschneiden und mit Salz bestreuen. auf einem Backblech oder in einer Auflaufform in den Ofen schieben und ca. 45 Minuten backen.

4 In einer kleinen Auflaufform ohne Fett die Haselnüsse ebenfalls für ca. 10 Minuten im Ofen rösten.

5 Cherrytomaten halbieren, die Minzblätter fein hacken.

6 Den Bulgur mit den Tomaten, der Minze und Haselnüssen vermischen und mit Salz und Pfeffer abschmecken.

7 Die Butternusskürbishälften aus dem Ofen holen und den Bulgur-Salat darüber verteilen. Wer mag, kann ein paar Spritzer Zitronensaft über den Bulgur geben.

8 Mit ein paar Klecksen griechischem Joghurt toppen und genießen.

NÄHRWERTE PRO PORTION	KCAL	550	FETT	22 g	KH	73 g	Z	17 g	PROT	15 g	BS	18 g

HAUPTGERICHT

13

LINSENEINTOPF MIT SCHWARZEN BOHNEN

Dieser vegane Linseneintopf strotzt dank der Hülsenfrüchte nur so vor Protein und Ballaststoffen! Und das in den Chilis enthaltene Capsaicin kurbelt den Energieverbrauch an (und wärmt dich so von innen) und hat zudem eine entzündungshemmende Wirkung. Der Linseneintopf ist also ein rundum gesundes Fitness-Gericht für kalte Herbst- und Wintertage.

ZUTATEN

FÜR 2 GROSSE PORTIONEN   **SUPER GESUND**   **POWER REZEPT**

1 Zwiebel

2 Knoblauchzehen

2 Möhren

1 EL Rapsöl

800 ml Gemüsebrühe (nach Bedarf noch etwas Wasser hinzufügen)

1 Dose Tomaten, gehackt

150 g Berglinsen

2 TL Paprikapulver

1/2 TL Chiliflocken

2 Dosen schwarze Bohnen

Salz, Pfeffer

Petersilie

1 Zwiebel und Knoblauch schälen und fein hacken. Möhren ebenfalls schälen und klein schneiden.

2 Rapsöl in einem Topf erhitzen, dann Zwiebel, Knoblauch und Möhren darin andünsten.

3 Mit der Gemüsebrühe und den Tomaten ablöschen. Die Berglinsen, das Paprikapulver und die Chiliflocken dazugeben und aufkochen lassen. Dann abgedeckt ca. 40 Minuten bei mittlerer Hitze köcheln lassen. Dabei ab und zu umrühren.

4 Zum Schluss die schwarzen Bohnen abgießen, zum Eintopf geben und weiter erwärmen.

5 Mit Salz und Pfeffer abschmecken und nach Belieben mit Petersilie servieren.

FAKT
Berglinsen eignen sich besonders gut für Eintöpfe, Soßen oder Salate, da sie auch bei längerem Kochen bissfest bleiben.

NÄHRWERTE PRO PORTION	KCAL	637	FETT	9 g	KH	98 g	Z	14 g	PROT	41 g	BS	28 g

BLUMENKOHL KUNG PAO

14

Kung Pao, Gong Bao oder Kung Po – damit ist auf den Speisekarten in nahezu jedem chinesischen Restaurant ein Gericht aus zarten Hähnchenstücken und Paprika in scharf-süßlicher Soße gemeint. Diese vegane Version mit gebackenem Blumenkohl kann mit seinem asiatischen Vorbild aber locker mithalten.

ZUTATEN

FÜR 2 PORTIONEN **SUPER GESUND**

500 g Blumenkohl
30 g Maisstärke
100 ml Sojamilch
2 EL Sojasauce
150 g Basmatireis
30 g Erdnüsse, geröstet
1 Frühlingszwiebel

Soße:

1 Knoblauchzehe
1 daumengroßes Stück Ingwer
100 g Bio Sweet Chili Sauce

1 Ofen auf 180 °C Ober-/Unterhitze vorheizen.

2 Blumenkohlröschen vom Strunk trennen, Frühlingszwiebel in feine Ringe schneiden.

3 Maisstärke, Sojamilch und Sojasauce in einer Schüssel glatt rühren und die Blumenkohlröschen darin marinieren. In eine Auflaufform geben und ca. 20 Minuten im Ofen rösten.

4 Basmatireis nach Packungsanweisung zubereiten.

5 Währenddessen für die Soße Knoblauch und Ingwer schälen, fein hacken und mit der Bio Sweet Chili Sauce und Cayennepfeffer in einer Pfanne einkochen.

6 Den gerösteten Blumenkohl aus dem Ofen nehmen und in der Soße wenden.

7 Blumenkohl und Reis auf einem Teller anrichten und mit der Frühlingszwiebel und Erdnüssen bestreuen.

TIPP

Sweet Chili Saucen bekommst du in den meisten Supermärkten und Asialäden.

NÄHRWERTE PRO PORTION	KCAL	612	FETT	12 g	KH	106 g	Z	7 g	PROT	20 g	BS	12 g

15

SPAGHETTI MIT WILDEM BROKKOLI UND MANDELN

Halte in gut sortierten Bio- und Feinkostläden Ausschau nach wildem Brokkoli. Hierzulande ist das feine Kohlgewächs noch nicht so bekannt wie in seiner Heimat Italien, doch wenn du ihn entdeckst, nimm dir gleich einen ganzen Bund mit und bereite ihn mit Spaghetti und Mandeln zu. So kommt sein würziges Aroma besonders zur Geltung.

ZUTATEN

45 g Mandelblättchen
200 g Spaghetti
250 g wilden Brokkoli
2 Knoblauchzehen
2 EL Olivenöl
Saft von 1-2 Zitronen
Salz, Pfeffer
Optional: Chiliflocken

FÜR 2 PORTIONEN   SUPER SCHNELL

1   Die Mandelblättchen im vorgeheizten Ofen bei 180 °C ca. 8 Minuten auf einem Blech rösten. Mit einem Holzspatel umrühren und weitere 5 – 8 Minuten rösten. Die Mandeln sind fertig, wenn sie goldbraun sind und anfangen zu duften.

2   Währenddessen die Spaghetti nach Packungsanweisung kochen.

3   Den wilden Brokkoli in Salzwasser blanchieren, danach mit kaltem Wasser abschrecken.

4   Knoblauch fein hacken und in einer Pfanne das Olivenöl erwärmen und den Knoblauch darin leicht andünsten.

5   Die Spaghetti und den Brokkoli im Knoblauchöl schwenken und mit Zitronensaft, Salz und Pfeffer abschmecken. Wer mag, gibt noch Chiliflocken dazu.

6   Die gerösteten Mandelblättchen über dem Gericht verteilen.

NÄHRWERTE PRO PORTION	KCAL	447	FETT	27 g	KH	30 g	Z	5 g	PROT	14 g	BS	6 g

16

OFEN-SÜSSKARTOFFEL

Süßkartoffeln sind eine leckere Alternative zu herkömmlichen Kartoffeln und können den Erdapfel in manchen Rezepten einfach ersetzen – wie bei dieser Varianter des Klassikers „Kartoffeln mit Quark". Der Name „Süßkartoffel" kommt nicht von ungefähr: Sie enthält deutlich mehr Stärke und Zucker als normale Kartoffeln. Gleichzeitig ist das Gemüse aber auch sehr ballaststoffreich, wodurch der Blutzuckerspiegel nur langsam ansteigt und man lange satt bleibt.

ZUTATEN

2 große Süßkartoffeln (ca. 500 g)
1/2 Bund Petersilie
300 g Magerquark
Salz, Pfeffer

FÜR 2 PORTIONEN SUPER EINFACH

1 Ofen auf 200 °C Umluft vorheizen.

2 Süßkartoffel waschen, mit etwas Salz einreiben und auf ein mit Backpapier ausgelegtes Backblech legen. Im Ofen ca. 20 Minuten backen.

3 Währenddessen die Petersilie waschen, trockenschütteln und fein hacken.

4 Petersilie mit dem Magerquark vermengen und mit Salz und Pfeffer abschmecken.

5 Süßkartoffel aus dem Ofen holen und der Länge nach einschneiden. Nun den Quark in die Mitte füllen und genießen.

VARIANTE
Die Petersilie kannst du mit Schnittlauch oder Kresse kombinieren oder ersetzen.

NÄHRWERTE PRO PORTION	KCAL	433	FETT	1 g	KH	71 g	Z	23 g	PROT	35 g	BS	10 g

17

SCHUPFNUDELN MIT SPITZKOHL

In Süddeutschland werden mit Schupfnudeln sowohl herzhafte als auch süße Gerichte kreiert. Wer sie nicht selber machen will, wird in den meisten Kühlregalen im Supermarkt fündig. Und dann geht's schnell: In ein paar Minuten in der Pfanne kross angebraten und mit etwas frischem Gemüse und würzigem Käse aufgepeppt ist dieses Rezept genau das Richtige für besonders hungrige Mäuler.

ZUTATEN

300 g Spitzkohl
1 EL Olivenöl
500 g Schupfnudeln
2 kleine rote Zwiebeln
1 Knoblauchzehe
Salz, Pfeffer
50 g kräftiger Bergkäse
1/2 Bund frische Petersilie

FÜR 2 PORTIONEN · SUPER SCHNELL · SUPER EINFACH

1 Spitzkohl in feine Streifen schneiden.

2 Olivenöl in einer Pfanne erhitzen und die Schupfnudeln darin anbraten.

3 Zwiebeln und Knoblauch hacken und kurz mitbraten.

4 Den Spitzkohl ebenfalls dazugeben und ca. 5 Minuten mit anschwitzen. Mit Salz und Pfeffer abschmecken.

5 Den Bergkäse über die Schupfnudelpfanne reiben.

VARIANTE

Lust auf süße Schupfnudeln? Das geht ganz einfach. Kross anbraten, mit Zimt und Zucker bestreuen und mit Kirschen, Zwetschgen oder Apfelmus genießen.

NÄHRWERTE PRO PORTION	KCAL		FETT		KH		Z		PROT		BS	
		579		19 g		83 g		7 g		19 g		11 g

18

GNOCCHI-SALAT

Ob als sommerliches Mittagessen, Beilage zum Grillen oder Mitbringsel für's Partybuffet: Der mediterrane Gnocchi-Salat ist in jedem Fall eine gute Wahl. Der herbe Rucola verleiht dem Salat eine würzige Note und versorgt deinen Körper mit reichlich Vitamin C und Folsäure. Weil er allerdings schnell welk und weich wird, solltest du ihn erst ganz zum Schluss unter den Salat mischen.

ZUTATEN

3 Schalotten
1 EL Olivenöl
500 g frische Gnocchi
300 g Kirschtomaten
50 g Rucola
1 EL Balsamico Bianco
Salz, Pfeffer
50 g Parmesan

FÜR 3 PORTIONEN **SUPER SCHNELL** **SUPER EINFACH**

1 Schalotten schälen, klein schneiden und in einer Pfanne mit dem Olivenöl anschwitzen.

2 Die frischen Gnocchi dazugeben und knusprig anbraten.

3 Kirschtomaten und Rucola unter die Gnocchi heben und alles mit weißem Balsamico, Salz und Pfeffer abschmecken.

4 Zum Schluss den Parmesan über den Salat reiben und lauwarm genießen.

FAKT
Gnocchi werden zwar häufig mit Pasta über einen Kamm geschert, sind genau genommen aber keine Nudeln, sondern kleine Kartoffelklöße.

NÄHRWERTE PRO PORTION	KCAL	401	FETT	13 g	KH	57 g	Z	10 g	PROT	14 g	BS	4 g

19

SELLERIESCHNITZEL

Unser Sellerieschnitzel „Wiener Art" kann es locker mit dem österreichischen Original aufnehmen. Serviert mit frischem Salat, der obligatorischen Zitronenspalte und einem Klecks Preiselbeeren können sich auch Nicht-Vegetarier dieses Veggie-Schnitzel schmecken lassen.

ZUTATEN

FÜR 2 PORTIONEN **SUPER GESUND**

400 g Knollensellerie
100 g Mehl
3 Eier
100 g Paniermehl
Salz, Pfeffer
100 ml raffiniertes Olivenöl
60 g Feldsalat (angemacht mit etwas Essig und Öl)
50 g Cherrytomaten
Wild-Preiselbeeren nach Belieben

1 Knollensellerie schälen und in ca. 1 Zentimeter dicke Scheiben schneiden. In einem Topf mit kochendem Wasser ca. 2 Minuten blanchieren und dann mit einem Küchentuch abtrocknen.

2 Für die Panade drei tiefe Teller vorbereiten: In den ersten Mehl, in den zweiten ein aufgeschlagenes und verquirltes Ei und in den dritten Teller Paniermehl mit einer Prise Salz und Pfeffer füllen.

3 Die Selleriescheiben nun nacheinander im Mehl, im Ei und im Paniermehl wälzen.

4 Öl in einer Pfanne erhitzen und die Sellerieschnitzel darin von jeder Seite ca. 3 – 4 Minuten goldbraun ausbacken.

5 Die fertigen Schnitzel auf etwas Küchenpapier legen, damit das überschüssige Öl vom Papier aufgesogen werden kann.

6 Die Sellerieschnitzel mit dem angemachten Feldsalat, Cherrytomaten, Wild-Preiselbeeren und einem Spritzer Zitronensaft genießen.

FAKT

Knollensellerie gehört zur Familie der Wurzelgemüse. Er enthält viele Bitterstoffe, die den Magen beruhigen sowie die Verdauung anregen können und ätherische Öle, die die Nerven beruhigen und antibakteriell wirken.

NÄHRWERTE PRO PORTION	KCAL		FETT		KH		Z		PROT		BS	
	452		32 g		25 g		13 g		16 g		10 g	

20

TOMATEN-FENCHEL-PASTA

Wenn es richtig schnell gehen soll oder nicht viele Zutaten im Haus sind, gibt es Nudeln mit Tomatensoße. Und diese Tomatensoße wird nicht einmal gekocht! Tomaten, Fenchel und Knoblauch werden gerieben und anschließend mit der heißen Bavette-Pasta vermengt. Schneller geht's kaum!

ZUTATEN

FÜR 2 PORTIONEN   **SUPER SCHNELL**   **SUPER EINFACH**

250 g Nudeln (Bavette)

250 g Tomaten (z.B San Marzano)

1 Fenchel (ca. 300 g)

1 Knoblauchzehe

2 EL Olivenöl

Salz, Pfeffer

Optional: Parmesan

1 Nudeln nach Packungsanweisung in Salzwasser kochen.

2 Tomaten, Fenchel und Knoblauch in eine Schüssel reiben und mit Olivenöl, Salz und Pfeffer vermengen.

3 Sobald die Nudeln al dente sind, die Nudeln und etwa zwei Kellen Nudelwasser zur Tomatensoße geben. Alles gut durchmischen, nach Belieben mit Parmesan garnieren und servieren.

VARIANTE
Wer keinen Fenchel möchte oder mag, kann ihn einfach durch Staudensellerie ersetzen.

NÄHRWERTE PRO PORTION	KCAL	625	FETT	17 g	KH	97 g	Z	12 g	PROT	21 g	BS	9 g

21

BRATWURST-SAUERKRAUT

Wenn mittags Bratwurst mit Sauerkraut auf den Tisch kommt, fühlen wir uns wie früher bei Oma. Die Bratwurst kaufen wir am liebsten frisch beim (Bio-) Metzger und das Kartoffelpüree wird natürlich auch selbst gestampft! Das i-Tüpfelchen auf der Bratwurst ist in diesem Gericht aber ein ordentlicher Klecks grober Senf. Durch die anregende und immunstimulierende Wirkung der im Senf enthaltenen Senföle werden Zellen, der Stoffwechsel und die Organfunktionen von Magen, Galle und Nieren gestärkt.

ZUTATEN

800 g Kartoffeln
100 ml Milch
50 g Butter
Salz, Pfeffer
1/2 TL Muskatnuss, gerieben
400 g Sauerkraut
1 Lorbeerblatt
10 g Pfefferkörner
3 Bio-Bratwürste (ca. 300 g)
1 EL Rapsöl zum Braten
Grober Senf nach Belieben

FÜR 3 PORTIONEN   SUPER EINFACH

1 Die Kartoffeln schälen und in Salzwasser kochen.

2 Sobald sie weich sind, die Kartoffeln abgießen, Milch und Butter hinzufügen und stampfen. Mit Salz und geriebener Muskatnuss abschmecken.

3 Das Sauerkraut langsam in einem Topf erhitzen. Dabei das Lorbeerblatt und die Pfefferkörner hinzugeben.

4 Die Bratwürste in einer Pfanne mit dem Rapsöl ca. 10 Minuten anbraten. Dabei gelegentlich wenden.

5 Kartoffelpüree, Sauerkraut und die Bratwurst auf einem Teller anrichten und mit einem Klecks Senf toppen.

TIPP

Achtet darauf, dass die Bratwürste einen geringen Fettanteil haben. Am besten fragt ihr dafür bei eurem Metzger des Vertrauens nach. Und wer noch mehr Fett einsparen möchte, bereitet die Bratwurst auf dem Grill statt in der Pfanne zu!

NÄHRWERTE PRO PORTION	KCAL	646	FETT	38 g	KH	50 g	Z	9 g	PROT	26 g	BS	9 g

HAUPTGERICHT

22

DIRTY RICE

So hast du Maronen bestimmt noch nicht gegessen! Die kleinen Edelkastanien haben im Herbst und Winter Saison und werden häufig als gerösteter Snack auf Weihnachtsmärkten angeboten. Im Vergleich mit anderen Nüssen liegen sie mit rund 190 Kalorien pro 100 Gramm ganz weit vorne auf der Skala kalorienarmer Lebensmittel. Und auch in unserer veganen Variante des südamerikanischen Dirty Rice Gerichts sind sie der heimliche Star.

ZUTATEN

150 g Basmatireis

1 Gemüsezwiebel (ca. 200 g)

3 Knoblauchzehen

2 EL Olivenöl zum Braten

200 g Maronen
(gekocht und vakuumiert)

2 TL Cajun-Gewürzmischung

500 ml Gemüsebrühe
(nach Bedarf noch etwas Wasser)

Saft von 1 Zitrone

1 Bund Petersilie

Salz, Pfeffer

FÜR 2 PORTIONEN

1 Basmatireis kürzer als auf der Packungsanweisung angegeben, also „al dente" kochen.

2 Gemüsezwiebel in Streifen schneiden, Knoblauch fein hacken.

3 Die Zwiebel in einer Pfanne mit Olivenöl bei mittlerer Hitze ca. 10 Minuten goldbraun anbraten.

4 Anschließend die grob zerschnittenen Maronen und den Knoblauch dazugeben und leicht mitbraten.

5 Reis und die Cajun-Gewürzmischung ebenfalls hinzufügen und ca. 5 Minuten mitbraten. Die Gemüsebrühe aufgießen und alles ca. 10 – 15 Minuten leicht köcheln lassen. Der Reis sollte die Gemüsebrühe aufgesogen haben und leicht fluffig sein.

6 Mit Salz, Pfeffer und Zitronensaft abschmecken. Mit frischer Petersilie servieren.

TIPP

Fertige Cajun-Gewürzmischungen gibt es von verschiedenen Gewürzherstellern. Die Hauptzutaten sind verschiedene Pfeffersorten, Chili, Knoblauch, Thymian, Lorbeer, Cumin und Kurkuma.

NÄHRWERTE PRO PORTION	KCAL	602	FETT	18 g	KH	98 g	Z	14 g	PROT	12 g	BS	4 g

EGG FOO YOUNG

23

Hast du schon mal was von „Egg Foo Young" gehört? Das ist die chinesische Form eines Gemüseomelettes aus dem Wok, gewürzt mit Sojasauce und Koriander. Dazu wird lockerer Basmatireis gegessen. Ob als herzhaftes Frühstück, zum Mittag oder aus der Not heraus, wenn man nur noch ein paar Reste zu verwerten hat: Egg Foo Young!

ZUTATEN

1 Knoblauchzehe
3 Frühlingszwiebeln
1/2 Bund Koriander
150 g Champignons
200 g Spitzpaprika
50 g Sojasprossen
6 Eier
1 EL Sesamöl
3 EL Sojasauce
100 g Basmatireis

FÜR 2 PORTIONEN **SUPER EINFACH** **POWER REZEPT**

1 Basmatireis nach Packungsanweisung kochen.

2 Knoblauch fein hacken. Frühlingszwiebel und Koriander in feine Streifen und Champignons und Spitzpaprika in kleine Würfel schneiden.

3 In einer Schüssel die Eier verquirlen. Das kleingeschnittene Gemüse sowie die Sojasauce unterrühren.

4 Sesamöl im Wok erhitzen. Die Ei-Gemüse-Mischung in den Wok geben und stocken lassen. Sobald das Omelette an der Unterseite leicht gebräunt ist, vorsichtig wenden und nochmal leicht braten lassen.

5 Basmatireis auf einem Teller anrichten und das Omelette darauf legen. Mit Sojasprossen und Koriander garnieren.

VARIANTE

Probiere auch andere Gemüsesorten wie grüne Erbsen, Zuckerschoten, Zucchini oder Weißkohl aus. Dünn geschnitten kannst du eigentlich jedes Gemüse deiner Wahl in einem Omelette verwenden.

NÄHRWERTE PRO PORTION	KCAL	551	FETT	23 g	KH	56 g	Z	10 g	PROT	30 g	BS	9 g

24

ONE POT PASTA: RUCOLA, CHORIZO & WALNÜSSE

Wer gerne scharf ist, wird diese feurige One Pot Pasta mit spanischer Chorizo lieben! Die dunkelrote Farbe und ihren Geschmack bekommt die grobe Wurst durch reichlich Paprikagewürz. Auch die Schärfe wird dadurch beeinflusst – wer also lieber mild isst, benutzt für die One Pot Pasta einfach eine mildere Chorizo!

ZUTATEN

1 Knoblauchzehe
4 getrocknete Tomaten in Öl
40 g Walnüsse
4 kleine Chorizo-Würste
1 EL Olivenöl
500 g Tagliatelle
550 ml Wasser
100 g Rucola
50 g Parmesan
Salz und Pfeffer

FÜR 4 PORTIONEN · SUPER SCHNELL · POWER REZEPT

1 Knoblauch und getrocknete Tomaten jeweils in dünne Scheiben schneiden, Walnüsse hacken.

2 Die Chorizo-Würste der Länge nach aufschneiden und das Brät (Hackfleisch in der Wurst) aus der Pelle drücken.

3 In einer Pfanne das Olivenöl erhitzen und das Brät der Chorizos mit dem Knoblauch hineingeben. Scharf anbraten.

4 Die getrockneten Tomaten in Öl ebenfalls dazugeben und kurz mitbraten.

5 Die Tagliatelle (ungekocht) in die Pfanne legen und mit dem Wasser auffüllen.

6 Zugedeckt bei mittlerer Hitze ca. 12 – 15 Minuten köcheln lassen (bis die Nudeln gar sind).

7 Den Rucola und die gehackten Walnüsse unter die Nudeln heben.

8 Auf einem Teller anrichten und mit Parmesan servieren.

FAKT

Walnüsse geben diesem Rezept nicht nur Biss, sondern sind auch super gesund! Beispielsweise enthalten sie das Zellschutzvitamin Vitamin E, das in unserem Körper freien Radikalen entgegenwirkt.

NÄHRWERTE PRO PORTION	KCAL	683	FETT	39 g	KH	50 g	Z	2 g	PROT	33 g	BS	2 g

25

VEGANE GYROS-REISPFANNE

Viele Vegetarier und Veganer verzichten aus ethischen Gründen auf Fleisch, aber nicht, weil es ihnen nicht schmeckt. Viele Hersteller von Fleischalternativen entwickeln darum Produkte wie „vegetarisch/veganes Hack", „vegetarisch/veganes Gyros" oder „vegetarisch/vegane Burgerpatties", die dem Original oftmals schon sehr nahekommen. Auch wir probieren gerne Neues aus und ersetzen in diesem Rezept das Hähnchenfleisch durch eine pflanzliche Alternative.

ZUTATEN

2 kleine Zwiebeln

2 Knoblauchzehen

3 Paprika (bunt)

1 EL Rapsöl

350 g veganes Gyros oder Geschnetzeltes (Hähnchengyros geht auch)

2 EL Tomatenmark

1 TL Kurkuma

1 TL Cayennepfeffer

400 g Basmatireis

400 ml Gemüsebrühe

1 Dose Kidneybohnen

Salz, Pfeffer

FÜR 4 PORTIONEN   POWER REZEPT

1 Zwiebeln und Knoblauch schälen und fein hacken. Paprika in kleine Stücke schneiden.

2 Das Rapsöl in einer Pfanne erhitzen und die Zwiebeln und den Knoblauch anschwitzen. Das vegane Gyros, Tomatenmark, Kurkuma und Cayennepfeffer dazugeben und etwa 5 Minuten anbraten.

3 Dann den Reis in die Pfanne geben, kurz mitbraten und dann mit der Gemüsebrühe ablöschen. Aufkochen lassen.

4 Paprika und Kidneybohnen hinzufügen und das Ganze abgedeckt ca. 15 Minuten bei geringer Hitze köcheln lassen (bis der Reis gar ist). Gelegentlich umrühren. Falls nötig, etwas Wasser oder Gemüsebrühe nachgießen.

5 Mit Salz und Pfeffer abschmecken und servieren.

FAKT

Pflanzliche Ersatzprodukte gibt es mittlerweile nicht nur auf Basis von Soja, sondern beispielsweise auch aus Lupinen oder Erbsen. Diese sind dazu dann meistens auch glutenfrei.

NÄHRWERTE PRO PORTION	KCAL	641	FETT	9 g	KH	108 g	Z	14 g	PROT	32 g	BS	10 g

PASTA MIT AVOCADO-WALNUSS-PESTO

Mit einem Standmixer oder Food Processor ist frisches Pesto im Handumdrehen zusammengemixt. Und ist man erst einmal auf den Geschmack gekommen, sind der Kreativität nahezu keine Grenzen gesetzt! Keine Walnüsse im Haus? Probier's mal mit Mandeln! Tausch Avocado durch Ricotta oder lass den Knoblauch weg. So oder so wünschen wir dir einen guten Appetit!

ZUTATEN

500 g Nudeln (z.B. Rigatoni)
1/2 Avocado
1 Knoblauchzehe
100 g Rucola
1/2 Bund Basilikum (Blätter von einem halben Topf)
30 g Walnüsse
5 EL Olivenöl
1 TL Zitronensaft
Salz, Pfeffer
Optional: Parmesan

FÜR 4 PORTIONEN **SUPER SCHNELL** **SUPER EINFACH**

1 Die Nudeln nach Packungsanweisung kochen.

2 Die Avocado klein schneiden. Die Knoblauchzehe schälen.

3 Beides zusammen mit dem Rucola, Basilikumblättern, Walnüssen, Olivenöl und Zitronensaft in einen Food Processor oder Mixer geben und zu einem cremigen Pesto mixen. Mit Salz und Pfeffer abschmecken.

4 Das Pesto auf die Nudeln geben und nach Belieben mit Parmesan anrichten.

TIPP

In einem gut verschlossenen Glas bleibt das Pesto circa eine Woche im Kühlschrank frisch.

NÄHRWERTE PRO PORTION	KCAL	515	FETT	31 g	KH	47 g	Z	1 g	PROT	12 g	BS	3 g

27

STEAK AND EGGS MIT SALSA VERDE

Alan Shepard war der erste Astronaut der USA, der ins All flog. Am Morgen seiner ersten NASA-Mission am 05. Mai 1961 aß er zum Frühstück „Steak and Eggs". Sowohl das Rindersteak als auch Eier enthalten Proteine mit der höchsten biologischen Wertigkeit und versorgen den Körper mit allen lebensnotwendigen Aminosäuren. Und auch wenn dir heute kein Flug ins All bevorsteht – mit diesem Frühstück, Lunch oder Dinner bist du für alle Abenteuer gewappnet!

ZUTATEN

1 Steak (ca. 200 g)
2 Eier
1 EL Olivenöl zum Braten

**Salsa verde
(reicht für 3 Portionen):**
30 g Petersilie
1 Knoblauchzehe
Saft von 1 Zitrone
3 EL Olivenöl
Salz, Pfeffer

FÜR 1 PORTION POWER REZEPT SUPER EINFACH

1 Das Öl in einer Pfanne erhitzen und das Steak darin von jeder Seite 6 Minuten scharf anbraten. Mit Salz und Pfeffer würzen. Das Steak aus der Pfanne nehmen und kurz ruhen lassen.

2 Für die Salsa verde die Petersilie und den Knoblauch fein hacken und mit dem Saft einer Zitrone und dem Olivenöl verrühren.

3 Die Eier in der Pfanne aufschlagen und ca. 5 Minuten braten.

4 Auf einem Teller das Steak in Streifen geschnitten anrichten, mit der Salsa verde beträufeln und mit den Spiegeleiern toppen. Nach Bedarf noch Salz und Pfeffer hinzufügen.

FAKT
Als Salsa verde werden im mediterranen Raum verschiedene grüne Kräutersoßen bezeichnet.

NÄHRWERTE PRO PORTION	KCAL	650	FETT	46 g	KH	3 g	Z	3 g	PROT	56 g	BS	1 g

28

SESAM-CHICKEN MIT WOKGEMÜSE

Das wohl beliebteste Topping bei asiatischen Wokgerichten ist der Sesam. Wir gehen diesmal noch einen Schritt weiter, panieren zartes Hähnchenfleisch mit Sesam und toppen unser Wokgemüse dann damit. Hol die Stäbchen raus und lass dir dieses schnelle Rezept schmecken.

ZUTATEN

100 g Zuckerschoten
1 Paprika
2 Frühlingszwiebeln
2 Hähnchenbrüste
60 g Sesam
2 Eier
50 g Mehl
2 EL Erdnussöl zum Braten
50 g Sojasprossen
6 EL Sweet Chili Sauce
Salz

FÜR 2 PORTIONEN — POWER REZEPT

1 Zuckerschoten und Paprika in Würfel und Frühlingszwiebeln in feine Ringe schneiden.

2 Die Hähnchenbrüste in je zwei dünne Scheiben schneiden.

3 Für die Sesampanade drei tiefe Teller vorbereiten: einen mit Mehl, einen mit den zwei Eiern (verquirlen), einen mit Sesam füllen. Die Hähnchenscheiben erst im Mehl, dann in den Eiern und anschließend im Sesam wenden.

4 In einer Pfanne 1 EL Erdnussöl erhitzen und die panierten Hähnchenbrüste darin bei mittlerer Hitze kross anbraten.

5 In einer weiteren Pfanne 1 EL Erdnussöl erhitzen und die Paprika, Zuckerschoten und Sojasprossen anbraten. Die Sweet Chili Sauce dazugeben.

6 Das Gemüse auf einem Teller anrichten, das Hähnchen in schmale Streifen schneiden und mit den Frühlingszwiebeln toppen.

FAKT

Das Sprichwort „Sesam öffne dich!" ist tatsächlich an die Sesampflanze angelehnt. In den Fruchtkörpern der Pflanze bilden sich die Sesamsamen. Sind die Fruchtkörper ausgereift, fallen die (oft goldgelben) Sesamsamen hinaus.

NÄHRWERTE PRO PORTION	KCAL	766	FETT	38 g	KH	57 g	Z	10 g	PROT	49 g	BS	11 g

CHICKEN-TIKKA-MASALA

Das Chicken-Tikka-Masala wie wir es heute kennen entstand nicht in Indien, sondern in Großbritannien. Dort wurde das Chicken Tikka (marinierte Hähnchenstücke, diesmal wirklich indisch) ohne Soße als „zu trocken" empfunden und deshalb kurzerhand in einer cremigen Tomatensoße serviert. Mit Erfolg: Die englisch-indische Fusion verbreitete sich schnell im europäischen Raum und ist auch bei uns ein beliebtes Gericht geworden.

ZUTATEN

2 Hähnchenbrustfilets (ca. 300 g)
3 EL Öl zum Braten
2 Zwiebeln
2 Knoblauchzehen
1 daumengroßes Stück Ingwer
1 TL Kurkuma
2 TL Madras-Curry
500 g frische Tomaten
100 ml Milch
Salz
1/2 Bund Koriander
Etwas schwarzer Sesam
100 g Basmatireis

FÜR 2 PORTIONEN POWER REZEPT

1 Basmatireis nach Packungsanweisung zubereiten.

2 Hähnchenbrust und Tomaten in Würfel schneiden. Zwiebeln und Knoblauch hacken.

3 Öl in einer Pfanne erhitzen und das Hähnchenfleisch darin scharf anbraten. Dann aus der Pfanne nehmen und beiseite stellen.

4 Zwiebeln, Knoblauch, Kurkuma und Madras-Curry in derselben Pfanne anrösten.

5 Die gewürfelten Tomaten hinzufügen, mit etwas Wasser aufgießen und ca. 5 Minuten köcheln lassen.

6 Das Hähnchen und die Milch in die Soße geben. Alles gut verrühren und mit Salz abschmecken.

7 Das Curry mit dem Basmatireis anrichten und mit frischem Koriander und schwarzem Sesam garnieren.

NÄHRWERTE PRO PORTION	KCAL	585	FETT	21 g	KH	54 g	Z	13 g	PROT	45 g	BS	7 g

LEINSAMEN-PIZZA

Wenn du mal wieder Heißhunger auf Pizza bekommst, greif statt ins Tiefkühlfach lieber zu Leinsamen, Eiern und Parmesan. In Nullkommanichts hast du dir daraus einen Pizzaboden zusammengerührt, der durch die Leinsamen wesentlich weniger Kohlenhydrate als die üblichen Böden mit Mehl hat. Den Boden kannst du nun nach Lust und Laune belegen. Besonders eiweißreich ist unsere Variante „Tonno" mit Thunfisch und Mais. Wer keinen Thunfisch mag oder noch mehr Gemüse möchte, greift zu Paprika, Pilzen oder Spinat.

ZUTATEN

150 g geschrotete Leinsamen
2 Eier
100 g Parmesan
Salz, Pfeffer
Belag:
50 g Tomaten aus der Dose
1/2 Dose Thunfisch im eigenen Saft
40 g Mais aus der Dose
1/2 rote Zwiebel
1/2 Kugel Mozzarella

Idee: Zutaten für eine Variante:

50 g Tomaten aus der Dose
1 Paprika (nach Belieben rot, gelb, grün)
100 g Champignons
1/2 rote Zwiebel
1 Knoblauchzehe
1/2 Kugel Mozzarella

FÜR 2 PIZZEN — POWER REZEPT

1 Ofen auf 200 °C Ober-/Unterhitze vorheizen.

2 Für den Teig Leinsamen, Eier und Parmesan miteinander vermischen, zu einem festen Teig verkneten und auf einem Backpapier ausrollen.

3 Den Teig im Backofen ca. 5 Minuten vorbacken.

4 Für die Soße die geschälten Tomaten mit einer Gabel zerdrücken und mit italienischen Kräutern, Salz und Pfeffer abschmecken.

5 Die vorgebackene Pizza mit der Soße bestreichen und mit Thunfisch, Mais, in Scheiben geschnittene rote Zwiebel und Mozzarella belegen.

6 Anschließend nochmal 8 Minuten backen.

FAKT

Leinsamen enthalten wertvolle Omega-3-Fettsäuren, die beim Mahlen freigesetzt werden. Am wirkungsvollsten ist es daher, ganze Leinsamen zu kaufen und diese erst kurz vor der Verwendung selbst zu mahlen oder zu schroten (z.B. in einem Standmixer oder Food Processor). Das kannst du auch bei diesem Rezept machen.

NÄHRWERTE PRO PIZZA	KCAL	885	FETT	61 g	KH	14 g	Z	7 g	PROT	70 g	BS	22 g

CHICKEN BROKKOLI REIS

31

Der Fitness-Klassiker „Hähnchen, Reis und Brokkoli" darf in unserem Rezept-Repertoire natürlich nicht fehlen. Für den Feinschliff servieren wir das Ganze mit gerösteten Mandelhobeln. Und nicht umsonst ist dieses Gericht unter Sportlern so beliebt, denn es ist schnell zubereitet, sättigend, eiweißreich und schmeckt obendrein noch richtig lecker.

ZUTATEN

100 g Basmatireis
30 g Mandelblättchen
1 Brokkoli (500 g)
2 EL Olivenöl
2 Hähnchenbrüste
1 Zehe Knoblauch
Salz, Pfeffer

FÜR 2 PORTIONEN POWER REZEPT SUPER GESUND

1 Den Basmatireis nach Packungsanweisung zubereiten.

2 Die Mandelblättchen im vorgeheizten Ofen bei 180 °C ca. 8 Minuten auf einem Blech rösten. Mit einem Holzspatel umrühren und für weitere 5 – 8 Minuten rösten. Wenn die Mandeln goldbraun sind und anfangen zu duften, sind sie fertig.

3 Den Brokkoli waschen, die Röschen abtrennen und in kochendem Salzwasser blanchieren. Anschließend in Eiswasser abschrecken, um den Garprozess zu unterbrechen.

4 Olivenöl in eine Pfanne geben und die Hähnchenbrüste darin bei mittlerer Hitze von beiden Seiten ca. 10 – 15 Minuten braten.

5 Den Knoblauch in Scheiben schneiden und zum Schluss kurz mitbraten.

6 Die Hähnchenbrüste mit Salz und Pfeffer würzen.

7 Auf einem Teller Reis, Brokkoli und das Hähnchen anrichten. Die Mandelhobel über das Gericht streuen.

TIPP

Dieses Gericht eignet sich super als Meal Prep Rezept! Mach dir am besten direkt die doppelte Menge und bewahre den Chicken-Brokkoli-Reis bis zum Verzehr (max. drei Tage) gekühlt auf.

NÄHRWERTE PRO PORTION	KCAL	493	FETT	25 g	KH	21 g	Z	6 g	PROT	46 g	BS	10 g

PASTA SALSICCA

32

Auf den ersten Blick könnte man die rohe Salsiccia mit einer groben Bratwurst verwechseln. Die italienische Wurst schmeckt allerdings ganz anders, denn ihr Brät (so nennt man das Hackfleisch in der Wurst) wird je nach Region mit verschiedenen Kräutern und Gewürzen zubereitet. Ob gebraten, gegrillt oder verarbeitet in Soßen – die Italiener lieben ihre Salsiccia! Und nach diesem Rezept wirst du wissen, warum!

ZUTATEN

200 g Spaghetti
2 kleine rote Zwiebeln
1 Knoblauchzehe
1 EL Olivenöl
200 g Salsiccia
(z.B. Fenchel-Salsiccia)
500 g passierte Tomaten
1/2 Bund frischer Basilikum
100 g Pecorino
Salz, Pfeffer

FÜR 2 PORTIONEN   SUPER EINFACH   POWER REZEPT

1 Spaghetti nach Packungsanweisung kochen.

2 Währenddessen die Zwiebeln und Knoblauch schälen und kleinschneiden. In einer Pfanne in etwas Olivenöl glasig anbraten.

3 Die Salsiccia aufschneiden und das Brät aus der Pelle drücken. Das Brät zu den Zwiebeln geben und ca. 5 Minuten scharf anbraten.

4 Die Mischung mit passierten Tomaten aufgießen und weitere 5 Minuten köcheln lassen. Mit Salz und Pfeffer abschmecken.

5 Die fertigen Spaghetti zur Soße geben und servieren.

VARIANTE

Es gibt zahlreiche Salsiccia Sorten mit verschiedenen Gewürzen, die einen scharf, die anderen mild. Frag am besten bei deinem Metzger nach und probier dich durch die verschiedenen Sorten.

NÄHRWERTE PRO PORTION	KCAL	779	FETT	31 g	KH	86 g	Z	14 g	PROT	39 g	BS	6 g

33

EASY BÖREK

Ursprünglich stammt der Börek aus der Türkei, wo traditionell Yufka-Teig mit Hackfleisch, Schafskäse oder Spinat gefüllt wird. Unsere vegetarische Variante ist dank Fertig-Blätterteig aus dem Supermarkt ruckzuck gemacht und bekommt durch das rote Pesto eine Extraportion Würze.

ZUTATEN

500 g TK Blattspinat
1 Fertig-Blätterteig aus dem Kühlregal
3 EL rotes Pesto
150 g Feta
1 Eigelb
1 TL schwarzer Sesam

FÜR 3 PORTIONEN · SUPER EINFACH

1 Backofen auf 200 °C vorheizen (Umluft 180 °C) und den Blattspinat auftauen.

2 Den Blätterteig ausrollen und das rote Pesto darauf verstreichen. Den aufgetauten Blattspinat und Feta auf dem Teig verteilen, dabei an den langen Seiten jeweils ca. 5 cm Rand lassen.

3 Alles zusammenrollen, mit Eigelb bestreichen und mit schwarzem Sesam bestreuen.

4 25 Minuten im Ofen goldbraun backen.

TIPP

In schmale Streifen geschnitten ist der Börek ein leckerer Snack für jedes Partybuffet!

NÄHRWERTE PRO PORTION	KCAL	FETT	KH	Z	PROT	BS
	583	39 g	35 g	2 g	23 g	6 g

MILCHREIS

34

Der einfache Klassiker aus der Kindheit ist das perfekte Comfort Food für windige Herbsttage oder ein leckerer Nachtisch für ein großes Wochenendessen. Mit unterschiedlichen Beeren und Nüssen lässt er sich ganz nach deinem eigenen Geschmack zubereiten.

ZUTATEN

1 L Milch
1 Vanilleschote
250 g Rundkornreis
250 g Erdbeeren
1 EL brauner Zucker

FÜR 4 PORTIONEN **SUPER EINFACH**

1 Die Milch mit dem Mark der Vanilleschote und der Vanilleschote aufkochen.

2 Den Rundkornreis dazugeben und bei niedriger Hitze ca. 30 Minuten köcheln lassen, bis der Reis die Flüssigkeit aufgenommen hat.

3 In der Zwischenzeit die Erdbeeren waschen und vierteln.

4 Den Milchreis warm servieren, Erdbeeren dazugeben und etwas braunen Zucker darüber streuen.

VARIANTE
Wenn keine Erdbeer-Saison ist, funktionieren auch TK-Früchte wie Heidelbeeren oder ein leckerer selbst gemachter Apfelmus wunderbar als Topping.

NÄHRWERTE PRO PORTION	KCAL	415	FETT	11 g	KH	65 g	Z	18 g	PROT	14 g	BS	3 g

EIER IM GLAS

Das Ei im Glas ist ein echter Klassiker und in zahlreichen Variationen auf Frühstücks- oder Brunchbuffets zu finden. Unsere Gläschen füllen wir mit einer Creme aus griechischem Joghurt und frischen Kräutern. Griechischer Joghurt wird während seiner Herstellung länger abgetropft als anderer Joghurt. So wird er cremiger und auch fettreicher, aber gleichzeitig erhöht sich auch der Proteingehalt im Joghurt.

ZUTATEN

6 größe Eier
150 g griechischer Joghurt
4 Radieschen
1 Bund Schnittlauch
1 Schale mit Kresse
Salz, Pfeffer
6 Scheiben Kartoffelbrot
2 EL Olivenöl zum Brot rösten

FÜR 6 GLÄSER   SUPER EINFACH   SUPER SCHNELL

1 Eier sechs Minuten kochen, dann mit kaltem Wasser abschrecken.

2 Radieschen klein schneiden, Schnittlauch und Kresse fein hacken.

3 Für die Joghurtcreme den griechischen Joghurt mit etwas Salz und Pfeffer, Schnittlauch und Kresse im Food Processor oder Mixer zu einer geschmeidigen Masse pürieren.

4 Die Kartoffelbrotscheiben in einer Pfanne mit dem Olivenöl anrösten.

5 Die Joghurtcreme in zwei Gläser füllen, die Eier aufschneiden und auf die Creme legen. Mit den Radieschen und frischer Kresse garnieren. Das geröstete Brot dazureichen.

FAKT

Klein, aber oho! Die winzig kleinen Kressepflänzchen haben es in sich: sie stecken voller Eisen, Vitamin A und C und Folsäure. In vielen Supermärkten findest du mittlerweile verschiedene Sorten der kleinen Powerpflanze. Probiere dich einfach mal durch!

NÄHRWERTE PRO GLAS	KCAL	336	FETT	16 g	KH	31 g	Z	3 g	PROT	17 g	BS	4 g

36

SUPERGREEN SALAD

Wenn es im Frühling überall grünt und blüht, zieht die Frische auch in die Küche ein! Die Spargelsaison geht meist (je nach Wetterlage) von Mitte April bis Ende Juni. Die knackigen Stangen sind nicht nur besonders kalorienarm, sondern wirken auch entwässernd und entgiftend. Gesunde Fette aus der Avocado und viele Ballaststoffe aus Bohnen und Erbsen runden unseren gesunden grünen Supersalat ab.

ZUTATEN

1 Bund grüner Spargel
100 g Erbsen
1/2 Brokkoli
100 g Bohnen
1/2 Avocado
1/2 Gurke
1/2 Bund Frühlingslauch
1/4 Radicchio

Dressing:

Verschiedene Kräuter
(Petersilie, Dill, Schnittlauch)
2 EL Olivenöl
1 EL Zitronensaft
Salz, Pfeffer

FÜR 2 PORTIONEN   SUPER GESUND

1 Grünen Spargel, Brokkoli und Bohnen in mundgerechte Stücke schneiden.

2 Alles gemeinsam mit den Erbsen kurz in kochendem Salzwasser blanchieren. Mit kaltem Wasser abschrecken und in eine Salatschüssel geben.

3 Avocado, Gurke und Frühlingslauch schneiden und mit in die Schüssel geben.

4 Für das Dressing die Kräuter fein hacken, mit Olivenöl und Zitronensaft in einem Gefäß vermischen und mit Salz und Pfeffer abschmecken. Anschließend mit dem Salat vermengen.

5 Zum Schluss noch etwas fein geschnittenen Radicchio zum Salat geben.

FAKT

Seine leicht bittere Note bekommt der Radicchio durch den Bitterstoff Intybin. Dieser sorgt aber gleichzeitig auch dafür, dass Magen, Leber und Galle zu arbeiten beginnen. Wer es lieber milder mag, schneidet großzügig den weißen Strunk raus, denn darin stecken die meisten Bitterstoffe.

NÄHRWERTE PRO PORTION	KCAL	383	FETT	27 g	KH	20 g	Z	7 g	PROT	15 g	BS	15 g

37

SÜSSKARTOFFEL WEDGES MIT ERDNUSSSAUCE

„Easy-peasy Ofen-Soulfood" hätten wir dieses Gericht auch nennen können, denn während die Süßkartoffelwedges im Ofen schmoren, rührst du aus ein paar Zutaten eine cremige Erdnusssauce zusammen. Und dann wird gedippt! Wenig Aufwand und große Wirkung – das perfekte Essen für den nächsten Abend mit Freunden!

ZUTATEN

1 mittelgroße Süßkartoffel (ca. 300 g)

1 TL Erdnussöl

1 kleine Zwiebel

1 Knoblauchzehe

1 Bund Frühlingszwiebeln

1/2 Bund Koriander

1/2 Bund Petersilie

30 g Erdnüsse

1 EL Olivenöl

3 EL Erdnussbutter (cremig)

2 EL Sojasauce

Salz, Pfeffer

FÜR 2 PORTIONEN

1   Ofen auf 200 °C Ober-/Unterhitze vorheizen.

2   Die Süßkartoffel waschen und mit der Schale in Spalten schneiden.

3   Mit 1 TL Erdnussöl und etwas Salz in eine Auflaufform geben und ca. 20 Minuten backen.

4   In der Zeit die Zwiebeln, den Knoblauch, die Frühlingszwiebel, den Koriander und die Erdnüsse fein hacken.

5   2 EL Erdnussöl in einer Pfanne erhitzen und die Zwiebeln und den Knoblauch anbraten. Erst die Erdnüsse, dann die Erdnussbutter hinzugeben und kurz mitbraten.

6   Sojasauce hinzufügen und zu einer cremigen Sauce rühren. Bei Bedarf mit etwas Wasser verdünnen. Mit Salz und Pfeffer abschmecken.

7   Die Süßkartoffelwedges auf einem Teller anrichten und mit Koriander, Frühlingszwiebeln und Erdnüssen toppen.

VARIANTE

Eine fruchtig-säuerliche Note bekommt die Erdnusssauce, wenn du noch etwas Limetten- oder Zitronensaft hinzugibst!

NÄHRWERTE PRO PORTION	KCAL	505	FETT	29 g	KH	45 g	Z	13 g	PROT	16 g	BS	12 g

ANTIPASTI SANDWICH

Ein Biss in dieses knusprige Sandwich versetzt dich direkt ins sonnige Italien. Als Antipasti werden dort verschiedene Vorspeisen aus eingelegtem Gemüse, Schinken- und Käsevariationen und kleine geröstete Brotscheiben serviert. Wir machen aus den Vorspeisen ein Hauptgericht, das dich für den restlichen Tag in der Uni, auf der Arbeit, in der Schule oder draußen und unterwegs stärkt.

ZUTATEN

1 Zucchini

1 Paprika

1 Aubergine

100 g Austernpilze

6 EL Olivenöl

2 EL Weißer Balsamico

Salz, Pfeffer

Italienische Kräuter (Oregano, Thymian)

1 großes Ciabatta (ca. 400 g)

1 Ochsenherztomate

2 Handvoll frischer Blattspinat

100 g Feta

FÜR 6 SANDWICHES `SUPER GESUND`

1 Für das Antipasti das Gemüse waschen, in dünne Scheiben schneiden und mit 4 EL Olivenöl in einer Pfanne anrösten. Das restliche Öl in der Pfanne aufbewahren.

2 Anschließend das Gemüse (außer die Ochsenherztomate) mit 2 EL Olivenöl, 2 EL Weißer Balsamico, Salz, Pfeffer und beliebigen italienischen Kräutern wie Oregano oder Thymian für ca. 20 Minuten in einer Schale marinieren lassen.

3 Das Ciabatta in sechs gleich große Stücke schneiden, längs halbieren und die Stücke einzeln kurz vor dem Servieren von beiden Seiten in der Pfanne mit dem aufbewahrten Öl goldbraun anrösten.

4 Dann mit dem Antipasti, Ochenherztomatenscheiben, Blattspinat und Feta belegen.

TIPP

Wer das Selbermachen von Antipasti zu umständlich findet, kann auch auf Antipasti aus dem Kühlregal zurückgreifen. Dabei aber bitte auf die Zutatenliste und Nährwerte achten und Produkte mit vergleichsweise wenig Zucker und Fett aussuchen.

NÄHRWERTE PRO SANDWICH	KCAL	388	FETT	20 g	KH	40 g	Z	6 g	PROT	12 g	BS	5 g

KICHERERBSEN-TOMATENSALAT

Der Kichererbsen-Tomatensalat zeigt mal wieder, wie lecker „einfach" sein kann. Kichererbsen enthalten viel Eisen, das der Körper mithilfe des Vitamin Cs aus der Petersilie optimal aufnehmen kann. Gesund, lecker und einfach vorzubereiten ist dieser orientalische Salat außerdem ein geniales Meal Prep Rezept!

ZUTATEN

1 rote Zwiebel
250 g bunte Cherrytomaten
1 Gurke
1 Dose Kichererbsen
1 Bund frische Petersilie
1/2 Bund frische Minze

Dressing:
2 EL Olivenöl
2 EL Weißweinessig
2 Spritzer Zitronensaft
Salz, Pfeffer
Chiliflocken

FÜR 2 PORTIONEN SUPER GESUND SUPER SCHNELL

1 Zwiebel schälen, halbieren, in feine Scheiben schneiden und in eine Schüssel geben.

2 Tomaten waschen, halbieren und mit der Zwiebel vermengen.

3 Gurke in kleine Stücke schneiden und mit den Kichererbsen zu den Tomaten geben.

4 Petersilie und Minze waschen und mit den Stielen grob hacken.

5 Alle Zutaten für das Dressing in eine Schale geben, gut verquirlen und über den Salat gießen. Alles vermengen und ziehen lassen.

TIPP
Der angemachte Salat wird geschmacksintensiver, je länger das Dressing einwirken kann.

NÄHRWERTE PRO PORTION	KCAL	346	FETT	18 g	KH	33 g	Z	9 g	PROT	13 g	BS	15 g

CRISPY RICE FRITTATA

Das ist Resteverwertung vom Feinsten! Die Frittata ist ein italienisches Omelett, das nach Belieben mit Gemüse, Fleisch oder eben allem, was der Kühlschrank noch zu bieten hat, gefüllt werden kann. Sogar gekochter Reis vom Vortag lässt sich mit ein paar frischen Kräutern zu einer Frittata verarbeiten. Und die schmeckt so gut, dass wir manchmal absichtlich „zu viel" Reis kochen.

ZUTATEN

FÜR 2 PORTIONEN · **SUPER SCHNELL** · **POWER REZEPT**

6 Eier
40 g Parmesan
Salz, Pfeffer
4 Frühlingszwiebeln
1/2 Bund Basilikum
1/2 Bund Petersilie
2 EL Olivenöl
200 g gekochter Reis
(gerne vom Vortag)

1 Ofen auf 200°C Umluft vorheizen.

2 Eier und Parmesan in einer Schüssel verquirlen und mit Salz und Pfeffer würzen.

3 Die Frühlingszwiebeln in feine Ringe schneiden und die Kräuter fein hacken.

4 Olivenöl in einer ofenfesten Pfanne erhitzen und die Frühlingszwiebeln anschwitzen.

5 Den gekochten Reis dazugeben, ca. 10 Minuten knusprig anbraten.

6 Den Reis mit der Parmesan-Ei-Mischung übergießen und in der Pfanne bei mittlerer Hitze ca. 2 – 3 Minuten stocken lassen (nicht mehr rühren).

7 Ist die Unterseite leicht gebräunt, die Frittata für 15 Minuten in den Backofen geben und die Eier zu Ende stocken lassen.

8 Zum Servieren mit frischem Basilikum und Petersilie toppen.

NÄHRWERTE PRO PORTION	KCAL	600	FETT	36 g	KH	38 g	Z	5 g	PROT	31 g	BS	4 g

41

TÜRKISCHER OBAZDA MIT BREZN

In diesem Rezept treffen die bayerische und türkische Küche aufeinander. Heraus kommen knusprige Laugenbrezeln („Brezen", wie die Bayern sagen) und ein pikanter Frischkäsedip. Der Original-Obazda wird aus Camembert, Butter, Paprikapulver und einigen Kräutern angerührt und gehört zu einer traditionellen Brotzeit dazu. Die leichtere Variante mit Frischkäse und Ajvar schmeckt aber mindestens genauso gut.

ZUTATEN

3 Laugenbrezeln
(TK oder frisch vom Bäcker)
150 g Feta
200 g Naturjoghurt
2 EL Ajvar
Salz, Pfeffer
1 Schale mit Kresse

FÜR 3 PORTIONEN **SUPER EINFACH** **SUPER SCHNELL**

1 Die Laugenbrezeln nach Packungsanweisung im Ofen goldbraun backen.

2 Für den Obazda in einer Schüssel Feta mit einer Gabel zerbröseln und mit dem Frischkäse und Ajvar gut verrühren. Mit Salz und Pfeffer abschmecken.

3 Den Dip bis zum Servieren kalt stellen und beim Anrichten mit frischer Kresse bestreuen.

FAKT

Damit Laugengebäck seinen typischen Geschmack und die dunkelbraune Färbung bekommt, werden die Teiglinge vor dem Backen in Natronlauge getaucht.

NÄHRWERTE PRO PORTION	KCAL	394	FETT	14 g	KH	47 g	Z	4 g	PROT	20 g	BS	1 g

42

ORIENTALISCHER MÖHREN-QUINOA-SALAT

Rosinen stammen aus dem nahen Orient und werden dort als süßer Kontrast auch gern in herzhafte Rezepte wie Currys oder Reisgerichte eingebunden. Für uns Europäer schmeckt das im ersten Moment zwar ungewöhnlich, lohnt sich aber dennoch zu probieren. Dank Quinoa hält der Salat außerdem lange satt und kann in guter alter Meal Prep Manier für mehrere Tage im Voraus zubereitet werden.

ZUTATEN

FÜR 2 PORTIONEN **SUPER EINFACH**

60 g Quinoa
3 Möhren
4 Frühlingszwiebeln
20 g Mandeln
1/2 Bund Petersilie
40 g Rosinen
2 EL Olivenöl
1/2 TL Kreuzkümmel
1 EL Apfelessig
Salz, Pfeffer

1 Quinoa nach Packungsanweisung kochen.

2 In der Zwischenzeit die Möhren raspeln und die Mandeln, Frühlingszwiebel und Petersilie fein hacken.

3 Zusammen mit dem gekochten Quinoa und den Rosinen in eine Schale füllen.

4 Aus Olivenöl, Apfelessig, Kreuzkümmel, Salz und Pfeffer ein Dressing rühren und mit dem Salat vermischen.

VARIANTE
Statt Quinoa kannst du den Salat auch mit Couscous oder Bulgur zubereiten.

NÄHRWERTE PRO PORTION	KCAL	440	FETT	22 g	KH	47 g	Z	25 g	PROT	12 g	BS	12 g

ZUCCHINI-FETA-SPIESSE

Dass Grillen mehr sein kann als Wurst, Nackensteak oder Pute, hast du wahrscheinlich auch schon für dich entdeckt. Auch vegetarisches Grillen kann durch verschiedenes Gemüse, marinierten Tofu oder Käse bunt und vielfältig sein. Die Zucchini-Feta-Spieße sind super schnell vorbereitet und mit einer Grillpfanne kannst du dir das sommerliche Essen auch an kalten, regnerischen Tagen in die Küche holen.

ZUTATEN

2 Zucchini
200 g Feta
150 g Cherrytomaten
1 EL Olivenöl
1 Bund frischer Thymian
Salz, Pfeffer

FÜR 6 SPIESSE   SUPER EINFACH   SUPER SCHNELL

1 Mit einer Raspel oder Sparschäler die Zucchini in feine Streifen hobeln und den Feta würfeln.

2 Auf Schaschlikspießen abwechselnd eingerollte Zucchinistreifen, Tomaten und Feta aufspießen.

3 In einer Grillpfanne das Olivenöl erhitzen und die italienischen Kräuter darin schwenken.

4 Nun nach und nach die Zucchini-Spieße in die Pfanne legen und ca. 5 Minuten braten. Dabei mehrmals wenden, damit die Spieße von allen Seiten gebräunt werden.

5 Nach dem Braten noch mit etwas Salz und Pfeffer würzen, dann kann angerichtet werden.

TIPP

Die Spieße lassen sich auch wunderbar auf dem Grill zubereiten. Um sicherzugehen, dass der Feta nicht durch das Gitter fällt, kann man die Spieße auf etwas Alufolie oder (in der nachhaltigen Variante) große Gemüseblätter wie Kohl- oder Maisblätter legen.

NÄHRWERTE PRO SPIESS	KCAL	129	FETT	9 g	KH	4 g	Z	3 g	PROT	8 g	BS	2 g

44

JOGHURT-BOWL MIT WÜRZIGEN KICHERERBSEN

Wenn du auf der Suche nach einem leichten, frischen Lunch-Rezept bist, solltest du jetzt stoppen und dir die Joghurt-Bowl mit knackigem Gurkensalat und würzigen Kichererbsen einmal ganz genau anschauen. Hier trifft scharf auf mild und säuerlich auf süßlich. Am besten dippst du mit einem Fladenbrot mitten rein und lässt dir die zahlreichen Geschmäcker auf der Zunge zergehen!

ZUTATEN

1 EL Olivenöl zum Braten
1 Dose Kichererbsen
1 TL Garam Masala
1/2 TL Chiliflocken
1/2 TL Kurkuma
1/2 Gurke
1 Bund Radieschen
2 Frühlingszwiebeln
1/2 Bund Petersilie
Saft von 1 Zitrone
Salz, Pfeffer
300 g Naturjoghurt
Optional: 1 Fladenbrot

FÜR 2 PORTIONEN — SUPER EINFACH — SUPER SCHNELL

1 Olivenöl in einer Pfanne erhitzen. Die Kichererbsen abtropfen lassen und zusammen mit Garam Masala, Chiliflocken und Kurkuma in der Pfanne anrösten.

2 Währenddessen die Gurke und Radieschen in kleine Würfel schneiden. Die Frühlingszwiebeln und Petersilie fein hacken.

3 In einer Schüssel vermengen und mit Olivenöl, Zitronensaft und Salz und Pfeffer marinieren.

4 Naturjoghurt auf einen tiefen Teller geben und mit den gerösteten Kichererbsen und dem Salat toppen. Dazu schmeckt ein Fladenbrot.

FAKT

Garam Masala ist eine indische Gewürzmischung, die mit „heißes Gewürz" übersetzt werden kann. Hauptzutaten sind meistens Koriander, Kardamom, schwarzer Pfeffer, Zimt und Kreuzkümmel.

NÄHRWERTE PRO PORTION	KCAL	FETT	KH	Z	PROT	BS
	364	16 g	37 g	13 g	18 g	14 g

MARINATED MIXED BUNTES BOHNEN-TOAST

Bohnen gibt es in zahlreichen Formen, Farben und Geschmacksrichtungen. Viele Sorten sind in Deutschland immer noch weniger bekannt, dabei versorgen uns die Hülsenfrüchte mit Proteinen, Ballaststoffen und Vitaminen. In vielen anderen Regionen auf der Welt wie beispielsweise Südamerika oder Afrika findet man Hülsenfrüchte in den meisten Gerichten. Wenn du nun auch Appetit auf Bohnen und Erbsen bekommen hast, lass dir unser buntes Bohnen-Toast schmecken.

ZUTATEN

2 Schalotten
1/2 Bund Schnittlauch
1/2 Bund Dill
1/2 Bund Minze
100 g Kichererbsen aus der Dose
100 g Weiße Bohnen aus der Dose
100 g Tiger Bohnen aus der Dose
1/2 TL Chiliflocken
2 EL Olivenöl
1 EL Weißweinessig
Salz, Pfeffer
1/2 Kartoffelbrot
Optional: frische rote Chili

FÜR 3 PORTIONEN — SUPER EINFACH — SUPER SCHNELL

1 Schalotten schälen, halbieren und in feine Ringe schneiden. Schnittlauch, Dill und Minze klein hacken.

2 In einer Schüssel die Kichererbsen, weißen Bohnen und Tiger Bohnen mischen. Zwiebel, gehackte Kräuter, Chiliflocken, Salz und Olivenöl und Weißweinessig hinzufügen. Alles verrühren und mit Salz und Pfeffer abschmecken.

3 Eine Scheibe Kartoffelbrot in einer Pfanne mit etwas Olivenöl anrösten.

4 Den Bohnensalat auf dem gerösteten Brot servieren.

FAKT

Die kleinen, süßlichen Tiger Bohnen werden auch Augenbohnen genannt. Diesen Namen verdanken sie dem dunklen Fleck, den sie auf ihrem Samen tragen. Die Bohnen enthalten die Vitamine B1 und B2 und die Aminosäuren Tryptophan und Lysin.

NÄHRWERTE PRO PORTION	KCAL	379	FETT	15 g	KH	44 g	Z	2 g	PROT	17 g	BS	10 g

NIZZA SALAT

Weil das Auge ja bekanntlich mitisst, kreieren wir nur zu gern bunte Salate mit vielen frischen Zutaten. Im Nizza-Salat stecken gleich drei Proteinbomben, die den Salat zu einer sättigenden Mahlzeit machen: knackige grüne Bohnen, Thunfisch und gekochte Eier. Wie die Franzosen sagen würden: Bon appétit!

ZUTATEN

2 Eier
100 g Grüne Bohnen
10 Cherrytomaten
2 Mini-Gurken
8 Radieschen
50 g gemischter Salat
1 Dose Thunfisch im eigenen Saft

Dressing:
2 EL Olivenöl
1 EL Zitronensaft
1 TL Dijonsenf
Pfeffer, Salz

FÜR 2 PORTIONEN   POWER REZEPT   SUPER GESUND

1 Eier hart kochen (je nach Geschmack ca. 7 – 10 Minuten), dann abschrecken.

2 Gemüse und Salat waschen und klein schneiden.

3 Bohnen in kochendem Salzwasser ca. eine Minute blanchieren und dann in Eiswasser abschrecken.

4 Für das Dressing Olivenöl, Zitronensaft, Dijonsenf, Salz und Pfeffer vermengen.

5 In einer Schüssel Salat, Gemüse, Thunfisch und Dressing miteinander mischen.

6 Auf zwei Tellern anrichten. Zum Schluss die Eier pellen, vierteln und auf den Tellern verteilen.

NÄHRWERTE PRO PORTION	KCAL	378	FETT	22 g	KH	13 g	Z	5 g	PROT	32 g	BS	3 g

LOW CARB PANCAKES

Diese Pancakes sind das perfekte Sonntagsfrühstück für Fitness-Fans und Low Carb-Lover. Durch Eier, Magerquark und Mandelmehl werden aus unseren Pancakes richtige Proteinbomben. Mandelmehl ist ein beliebter Mehlersatz in der Fitnessküche, da es nur geringe Mengen an Kohlenhydraten und gleichzeitig sehr viel Protein enthält. Darüber hinaus ist es glutenfrei und der mild-nussige Geschmack passt zu vielem süßen und herzhaften Gebäck.

ZUTATEN

4 Eier
2 EL brauner Zucker
200 g Magerquark
100 g Mandeln, gemahlen
1 Prise Salz
Mark einer Vanilleschote
3 EL Rapsöl zum Braten
2 Birnen
1 Handvoll Walnüsse

FÜR 4 PORTIONEN   SUPER EINFACH

1 In einer Schüssel Eier mit braunem Zucker aufschlagen.

2 Magerquark und das Mark einer Vanilleschote unterrühren.

3 Gemahlene Mandeln und eine Prise Salz unter den Teig heben.

4 Das Rapsöl in einer Pfanne erhitzen und eine Kelle des Teiges hineingeben. Von beiden Seiten ca. 5 Minuten braten, bis der Pancake goldbraun ist.

5 Zum Schluss mit Birnenspalten, einem Klecks Quark und gehackten Walnüssen servieren.

VARIANTE
Lass deiner Kreativität beim Topping der Pancakes freien Lauf. Lecker sind beispielsweise auch frische Beeren, gedünstete Äpfel oder eine Prise Zimt im Teig.

NÄHRWERTE PRO PORTION	KCAL	366	FETT	26 g	KH	14 g	Z	13 g	PROT	19 g	BS	5 g

STEAK SANDWICH

Ein saftiges Steak, außen kross angebraten, in der Mitte noch leicht rosa, butterweich beim Schneiden … wem allein schon bei dem Gedanken das Wasser im Mund zusammenläuft, sollte sich schleunigst auf den Weg zum nächsten Metzger machen und die Zutaten für dieses Steak Sandwich besorgen.

ZUTATEN

250 g bunte Paprika (z.B rot, gelb, grün)
1 rote Zwiebel
1 EL Olivenöl zum Braten
1 Rinderhüftsteak (ca. 200 g)
Salz, Pfeffer

Salsa:
1/2 Bund Petersilie
1/2 Bund Koriander
2 EL Olivenöl
Saft von 1 Bio Zitrone
1 Baguette

FÜR 4 PORTIONEN

1 Paprika und Zwiebeln in Streifen schneiden.

2 1 EL Olivenöl in einer Pfanne erhitzen und das Steak darin von beiden Seiten ca. 6 Minuten braten, zur Seite stellen aus der Pfanne nehmen und auf einem Teller 3 Minuten ruhen lassen. Anschließend in Streifen aufschneiden.

3 Paprika und Zwiebeln in die Pfanne geben und braten. Mit Salz und Pfeffer würzen.

4 Petersilie und Koriander fein hacken. Die Kräuter mit dem Olivenöl, dem Abrieb der Zitronenschale und Salz und Pfeffer in einer Schüssel verquirlen.

5 Baguette in vier Teile schneiden und diese der Länge nach halbieren. Die Unterseiten mit den Paprika-, Zwiebel- und Steakstreifen belegen und mit dem Kräuteröl beträufeln. Mit der Oberseite toppen und servieren.

NÄHRWERTE PRO PORTION	KCAL	326	FETT	14 g	KH	34 g	Z	6 g	PROT	16 g	BS	5 g

BANANASPLIT

Die Worte „gesunder Bananasplit" lassen die Augen fast jeder Naschkatze leuchten. Das ursprünglich amerikanische Dessert schmeckt auch ohne Eis ausgesprochen lecker und kann ganz ohne Reue als Nachtisch, Zwischenmahlzeit oder schon zum Frühstück verputzt werden.

ZUTATEN

1 EL Mandelstifte
1 Banane
3 EL griechischer Joghurt
50 g Himbeeren
50 g Blaubeeren
30 g Johannisbeeren
1 Zweig Minze

FÜR 1 PORTION SUPER SCHNELL SUPER EINFACH

1 Mandelstifte in einer Pfanne ohne Öl leicht anrösten und beiseite stellen.

2 Bananen schälen und der Länge nach halbieren.

3 Auf einem Teller anrichten und den griechischen Joghurt in die Mitte der Bananenhälften geben.

4 Beeren auf dem Joghurt verteilen, mit den Mandelstiften bestreuen und nach Belieben mit etwas Minze dekorieren.

FAKT

Je reifer die Banane, desto höher ist ihr Fruchtzucker-Anteil. Sehr reife (braune) Bananen eignen sich darum hervorragend dafür, Smoothies oder Gebäck zu süßen – ganz ohne zusätzlichen Zucker!

NÄHRWERTE PRO PORTION	KCAL	319	FETT	15 g	KH	38 g	Z	33 g	PROT	8 g	BS	8 g

TOMATEN-KRÄUTER-PITA

Lust auf Veggie? Probier mal unsere Pita mit saftigen Tomaten, Ziegenfrischkäse und knackigen Haselnussstückchen! Ochsenherztomaten sehen in ihren verschiedenen Grün-, Gelb- und Rottönen und mit der meist gefalteten Form besonders dekorativ aus. Und wusstest du, dass ihr Name tatsächlich daher stammt, dass sie in ihrem Aussehen und Gewicht dem Herzen eines Ochsen ähneln?

50

ZUTATEN

3 Pita Brote

200 g Ochsenherztomaten (rot und grün)

1/2 Bund Petersilie

1/2 Bund Minze

50 g Haselnüsse

100 g Ziegenfrischkäse

Salz

1 TL Chiliflocken

1 EL Olivenöl zum Beträufeln

FÜR 3 PITA BROTE   SUPER SCHNELL

1 Ofen auf 200 °C Ober-/Unterhitze vorheizen.

2 Pita etwa 10 Minuten im Ofen rösten, zwischendurch einmal wenden.

3 In der Zwischenzeit die Ochsenherztomaten waschen und in ungleichmäßige mundgerechte Stücke schneiden.

4 Petersilie und Minze waschen, trockenschütteln und die Blätter von den Stielen zupfen. Haselnüsse grob hacken.

5 Pita aus dem Ofen nehmen, leicht abkühlen lassen und mit Ziegenfrischkäse bestreichen.

6 Anschließend mit Tomaten belegen und Kräuter, Haselnüsse, Salz und Chiliflocken auf die Brote streuen. Mit einem Spritzer Olivenöl verfeinern.

VARIANTE

Wer kein Freund von Ziegenfrischkäse ist, kann auch einfach normalen Frischkäse verwenden.

NÄHRWERTE PRO PORTION	KCAL	384	FETT	20 g	KH	39 g	Z	4 g	PROT	12 g	BS	5 g

BROKKOLI-SALAT MIT HALLOUMI

51

Halloumi ist allseits als „Grillkäse" bekannt, weil er, anders als die meisten Käsesorten, seine Form auch beim Erhitzen behält. Aber auch gebraten macht er eine gute Figur und passt zum zitronig-minzig-frischen Dressing. Die Basis für den Salat bildet der Brokkoli. Und von dem darf es ruhig viel sein, denn er schmeckt gut und enthält zudem kaum Kohlenhydrate oder Fett, dafür aber wichtige Vitamine wie Vitamin A und C.

ZUTATEN

800 g Brokkoli
250 g Halloumi
4 Knoblauchzehen
1 EL Olivenöl
1/2 Bund Petersilie
1/2 Bund Minze
1 Handvoll Walnüsse
Saft von 2 Zitronen
2 EL Olivenöl
2 EL Ahornsirup
Salz, Pfeffer

FÜR 4 PORTIONEN — SUPER GESUND

1 Brokkoli schneiden und die Röschen in Salzwasser kochen. Ist er gar, das Wasser abgießen und den Brokkoli mit kaltem Wasser abschrecken.

2 Währenddessen den Halloumi in Würfel schneiden und die Knoblauchzehen mit der flachen Seite eines Messers leicht zerdrücken.

3 Olivenöl in einer Pfanne erhitzen und den Halloumi mit dem Knoblauch knusprig anbraten.

4 Petersilie, Minze und Walnüsse fein hacken.

5 Für das Dressing den Saft von zwei Zitronen, Olivenöl, Ahornsirup und Salz und Pfeffer verquirlen.

6 Nun in einer großen Schüssel den Brokkoli, Halloumi (ohne die Knoblauchzehen), Kräuter und Nüsse mit dem Dressing vermengen.

NÄHRWERTE PRO PORTION	KCAL	445	FETT	33 g	KH	15 g	Z	12 g	PROT	22 g	BS	7 g

REZEPTINDEX

HAUPTGERICHTE

ZWISCHENMAHLZEITEN

LECKER POWER !

Du bist hungrig auf mehr? Schau dir unsere weiteren Fitness-Kochbücher an!

Neben hunderten von Power-Rezepten bieten die Bücher wichtige Informationen für deine Fitnessküche. Auf unseren Kanälen im Web erhältst du zusätzlich regelmäßig neue und leckere Rezepte aus der Body Kitchen.

BODY KITCHEN 1

Deutschlands erstes Kochbuch von Fitness-YouTubern ist das **Grundlagenwerk für die Fitnessküche**. Mit über 100 Power-Rezepten für eine bewusste Ernährung ist es das Kochbuch für jede/n Fitnesskoch und Fitnessköchin. Zum Basiswissen gehören die wichtigsten Informationen zum Thema Nährstoffe sowie hilfreiche Tipps und Tricks für die Fitnessküche.

BODY KITCHEN 2

Ein Rezepteschatz, der in keiner Kochbuchsammlung für die gesunde und einfache Fitnessküche fehlen darf. Bei über 150 neuen Rezepten und über 100 Food-Fotografien ist für jeden Anlass und für alle Vorlieben und Geschmäcker etwas Passendes dabei. Mit von der Partie sind drei der erfolgreichsten Lifestyle- und Fitness-Influencerinnen Deutschlands: Yvonne Pferrer, Regina Hixt und Paula Krämer.

BODY KITCHEN 3

Die Body Kitchen Ernährungsphilosophie, starke Transformationsgeschichten aus der Body Kitchen Community und über 90 neue Power-Rezepte für eine bewusste Ernährung. Die Autoren Kathrin Seidel, Vito Pirbarzari und Flavio Simonetti geben Einblicke in ihre Geschichten und Ernährungsgewohnheiten. Egal ob zum Abnehmen, Muskelaufbau oder Genießen: Das Body Kitchen Fitness-Kochbuch beinhaltet leckere Rezepte für verschiedene Fitnessziele und einen aktiven Alltag.

WWW.BODY.KITCHEN

16:32

body.kitchen

Posted by **Body Kitchen**

LINSEN-LASAGNE

Nährwerte pro Portion

KCAL	405	FETT	25 g	KH	25 g
Z	20 g	PROT	20 g	BS	6 g

Hier findest du:

- Kochvideos, die hungrig machen!
- Motivation und Inspiration für Fitnessköche!
- Alle Neuigkeiten aus der Body Kitchen!

Erreiche uns auf Social Media über die Hashtags
#bodykitchen und **#leckerpower**

IMPRESSUM

Für Fragen und Anregungen: info@body.kitchen

Originalausgabe
1. Auflage Februar 2020
© 2020 by Body Kitchen, eine Marke der Electric Elephant Publishing GmbH
Rambachstr. 13
D-20459 Hamburg
info@eep.media
www.eep.media

Team Body Kitchen:
Rezeptentwicklung: Hanna Löhr, Julian Marks
Rezept-Texte: Lisa Schnaidt
Foodstyling: Julian Marks
Food-Fotografie: Viet Phuong Dao, Julian Marks

Cover-Gestaltung: Kaja Paradiek
Design: Dubravko Dulan
Mit Foto von: Julia-Rosa Reis (S.9)

Verleger: Simon Berg, Joris Zierold
Inhaltliche Leitung: Simon Berg

Druck: Firmengruppe APPL, aprinta Druck, Wemding
Printed in Germany

Vertrieb durch: riva Verlag, ein Imprint der Münchner Verlagsgruppe GmbH
ISBN: 978-3-7423-1447-5

Dieses Buch soll dazu beitragen, das Bewusstsein für eine ganzheitliche Gesundheit beim Leser zu stärken, um ihn zu informieren und zu inspirieren. Ärztlichen Rat kann dieses Buch allerdings nur ergänzen, nicht ersetzen. Die Ratschläge und Empfehlungen in diesem Buch wurden von den Autoren und dem Verlag sorgfältig durchdacht und geprüft, dennoch kann für die inhaltliche Richtigkeit keine Garantie übernommen werden. Die Zubereitung der im Buch beschriebenen Gerichte erfolgt selbstverständlich auf eigenes Risiko. Eine Haftung der Autoren bzw. des Verlags und seiner Beauftragten für Personen-, Sach- oder Vermögensschäden ist ausgeschlossen.

ELECTRIC ELEPHANT
PUBLISHING

BODY KITCHEN

ELECTRIC ELEPHANT

PUBLISHING